TORONTO MEDIEVAL LATIN TEXTS

D0207409

Selected Sermons
of
Stephen Langton

Edited by

PHYLLIS B. ROBERTS

College of Staten Island and

The Graduate Centre, City University of N.Y.

Published for the
CENTRE FOR MEDIEVAL STUDIES

by the

PONTIFICAL INSTITUTE OF MEDIAEVAL STUDIES
Toronto

Canadian Cataloguing in Publication Data

Langton, Stephen, d.1228.
  Selected sermons of Stephen Langton

(Toronto medieval Latin texts ; 10 ISSN 0082-5050)

Text in Latin with introd. and notes in English.
Bibliography: p.

ISBN 0-88844-460-5

1. Langton, Stephen, d.1228 — Sermons.
I. Roberts, Phyllis Barzillay, 1932-
II. Pontifical Institute of Mediaeval Studies.
III. Title. IV. Series.

BX1756.L35S45   252'.02   C80-094617-0

Printed and bound in Canada
by The Hunter Rose Company, 1980

PREFACE

The Toronto Medieval Latin Texts series is published for the Centre for Medieval Studies, University of Toronto, by the Pontifical Institute of Mediaeval Studies. The series is intended primarily to provide editions suitable for university courses and curricula, at a price within the range of most students' resources. Many Medieval Latin texts are available only in expensive scholarly editions, equipped with full textual apparatus but with little or no annotation for the student; even more are out of print, available only in libraries; many interesting texts still remain unedited.

Editions in this series are usually based on one MS only, with a minimum of textual apparatus; emendations are normally made only where the text fails to make sense, not in order to restore the author's original version. Editors are required to select their MS with great care, choosing one that reflects a textual tradition as little removed from the original as possible, or one that is important for some other reason (such as a local variant of a text, or a widely influential version). Manuscript orthography and syntax are carefully preserved.

The Editorial Board is not merely supervisory: it is responsible for reviewing all proposals, for examining all specimens of editors' work, and for the final reading of all editions submitted for publication; it decides on all matters of editorial policy. Volumes are printed by photo-offset lithography, from camera-ready copy typed on an IBM Composer.

The General Editor would like to express his thanks to all those who generously gave advice and assistance in the planning of the series, especially Professor John Leyerle, Director of the Centre for Medieval Studies from 1966 to 1976. This series, like the Centre itself, owes its existence to John Leyerle's dedication and unfailing support: our debt can only be acknowledged, never repaid.

A.G.R.

ACKNOWLEDGMENTS

I should like to express my thanks to the many librarians who have allowed me to consult manuscripts in their collections and have supplied microfilms and photostats of manuscript materials. I am also grateful to Professor Suzanne Wemple, who read portions of the text, and to Fern and Stuart Fisher, whose hospitality enabled me to prepare the typescript. To my son Jonathan, with love and affection I dedicate this book.

P.B.R.

CONTENTS

INTRODUCTION

Stephen Langton, master of theology in the schools at Paris and archbishop of Canterbury from 1206 to 1228, was also a preacher whose renown was echoed in the contemporary phrase, 'Stephanus de lingua-tonante.' The sobriquet was well deserved, for his reputation as a preacher to audiences, clerical and popular alike, is well attested by the chronicles of the period and by the large number of sermons attributed to him. As archbishop of Canterbury, Langton was a principal in the events surrounding the drafting of the Great Charter. The years of his archiepiscopate were also marked by persistent efforts to effect in the English church those reforms that had been articulated at the Fourth Lateran Council of 1215, with special reference to raising the standard of the English episcopate. Not the least among his contributions was the example he himself gave as an active preaching archbishop.[1]

When Hubert Walter, the archbishop of Canterbury, died in July 1205, the monks of Christ Church, Canterbury elected Reginald their subprior as his successor. Owing to the irregularity of the election, and subject to royal pressure, the monks subsequently abandoned the first candidate Reginald, and on 11 December 1205 chose instead John de Gray, bishop of Norwich. The pope had then to decide between two archbishops-elect who came to the Curia. The events surrounding the election of Reginald and his subsequent rejection in favour of John de Gray are shrouded in mystery. Nor do we have the whole truth about Stephen Langton's election, which was made on or before 21 December 1206 in the presence of Pope Innocent III by a deputation of monks sent from Christ Church, Canterbury to Rome to carry out the archiepiscopal election. Langton was

---

1 For a detailed elaboration of the life of Langton and his sermons, see the appropriate chapters in P.B. Roberts, *Stephanus de lingua-tonante: Studies in the Sermons of Stephen Langton* (Toronto 1968) [hereafter *SL*], which contains all references to the material cited here.

consecrated at Viterbo on 17 June 1207. Several weeks earlier
(26 May) Innocent had appealed to John of England to consent
to the election, and had outlined to the king Langton's noteworthy qualifications. John's refusal to accept Langton as
archbishop led to six tumultuous years during which Pope
Innocent placed England under interdict and personally excommunicated the king.

Upon his assumption of the archiepiscopal see in 1213,
Langton pursued a highly independent course. He attempted
to mediate in the struggle between the barons and the king
which culminated in the Great Charter. He also tried to limit
the direct influence of Rome through papal legates. His attitude
toward papal legates was evidenced as early as 1213, when he
and his colleagues protested against the practice of the papal
legate Nicholas in making appointments to vacant sees without
regard to the wishes of electing bodies or the rights of diocesans.
His efforts to bar the presence of a papal legate in England
during the reign of Henry III have been hailed by his more
enthusiastic admirers as a kind of 'nascent Anglicanism.' This
assertion of the English church's freedom from Rome had its
counterpart in Langton's independent attitude in his dealings
with the Crown. On 21 November 1214, the archbishop received
assurances from King John that the canons of a chapter would
actually have the right of election. Langton's insistence on free
canonical elections ultimately came to be embodied in the
first clause of the Great Charter drafted in 1215: 'Quod ecclesia
Anglicana libera sit.' Until his death in 1228, Langton continued
his efforts at church reform while simultaneously seeking to
protect the church from the king, the king from the barons,
and England from Rome.

While his later career as archbishop is well documented and
generally familiar to students of the English middle ages,
Langton's earlier years in Paris have only recently been given
the attention they deserve. As a major participant in one of the
most formative epochs in English history, the period just before
the drafting of the Great Charter, Langton is a personage of
considerable historical importance whose thought and activities

have a special interest. He had made his mark as a noteworthy
biblical scholar, and his later preaching did not pass altogether
unnoticed by the chroniclers who have mentioned the archbishop's sermons to audiences on great occasions. The Annalist
of Waverley, for example, describes the gathering at St. Paul's
on 25 August 1213, when the archbishop delivered a sermon to
the people. It was on this occasion that Langton allegedly in-
formed the barons of the Charter of Henry I. Langton also
preached at Bury St. Edmunds in November 1213, and in May
1219 at the funeral of William the Marshal at the Temple in
London (calling him the 'best knight in the world'). The Annalist of Dunstable mentions Langton's preaching to the people
at the second coronation of Henry III at Westminster (17 May
1220). On 7 July 1220, on the occasion of the translation of
Becket's remains at Canterbury, Langton also gave a sermon.
The archbishop's preaching at coronations, church dedications,
state funerals, and other public occasions has importance for
the history of eloquence, both ecclesiastic and secular.

These brief references, however, account for only the rela-
tively few sermons that we know to have been delivered in
Langton's later years. We have, in addition, Matthew Paris'
hagiographical life of the archbishop and his remarks concerning the prelate's later preaching. Matthew Paris mentions Langton as author of special theological sermons, and refers to the
archbishop's preaching in the years following 1215 in northern
Italy and in France — especially in Arras and St. Omer and in
parts of Flanders. Noting that Langton preached against usury
and usurers, the chronicler includes a reference to similar preaching by Robert de Courçon and Jacques de Vitry. Yet these
scanty remarks in the literature, for the most part, ignore a
long and complex sermon tradition associated with the earlier
Langton. Hundreds of sermons in manuscript had to be sorted
out, identified, and verified before we could know more about
the preacher Stephen Langton.

The lengthy process involved in the identification and verifi-
cation of these Langton texts is described elsewhere. Several
steps preceded the establishment of a reliable body of source

material. It was necessary to classify the manuscripts and the sermons (along with variant texts) according to their authenticity and to list the locations of all known texts. Langton's sermons are scattered in many manuscript collections, and are often mingled with those of other Paris masters. Hence the importance of this verificatory procedure.

The bulk of these sermons (represented by one of the texts published here) belong to Langton's Paris years, before he became archbishop. Their connections with the schools and with the liturgy, and frequent references to France, leave no doubt that we have here a significant body of material about Stephen Langton, who, as an active archbishop of Canterbury, was to take on in turn the barons, King John, and the pope himself.

Stephen, the eldest son of Henry of Langton by Wragby, Lincolnshire, was born ca. 1155. The family was probably of Anglo-Danish stock and included besides Stephen two brothers, Simon and Walter. Walter, who remained a layman, died before April 1236; Simon became archdeacon of Canterbury and acted for Stephen in the negotiations with King John from 1208. He was one of the envoys sent by Stephen to Rome to appeal for the relaxation of the interdict. The young Stephen spent his boyhood years in England, and it was no doubt during this early period that he had some contact with the clergy in the cathedral church at Lincoln. Ca. 1170, Langton went to Paris. He remained there studying, teaching, writing, and preaching, for over thirty years until his consecration as archbishop in 1207. Sometimes he is identified in the manuscripts by his later title: Stephen, archbishop of Canterbury. From 1180, when he appeared as a master of theology, he was known as *magister,* as many sermons in manuscripts in French libraries attest. Most of Langton's extant sermons were composed some time during this Paris period. They were preached in various places in the capital, to audiences clerical and popular, but — significantly — they are for the most part representative of popular preaching. Langton's reputation as a notable popular preacher in the evangelical movement in Paris in the second half of the twelfth century is an aspect of the prelate's life and

career that was previously little known and appreciated. Now
we have his sermons as an historical source concerning this
preacher himself, and his contemporary milieu.

The value of sermons as historical sources has attracted the
attention of several distinguished scholars who have argued the
importance of research into sermons and have, furthermore,
demonstrated how sermons can contribute to our knowledge
of medieval social and intellectual life. The French scholar
Langlois, for example, called the sermon a particularly important source for the history of manners and popular fables.[2]
Likening the sermon of the thirteenth century to the popular
press, Langlois wrote that, for a knowledge of the 'spiritual
state' and the customs of the age, there are no contemporary
texts as alive as those sermons addressed to laity and clergy.
Owst, the author of studies on medieval preaching in England,
has also emphasized the important contribution of sermons to
our knowledge of social life and thought. Other writers, such as
Lecoy de la Marche, stress the value of the sermon as a source
for the study of Medieval Latin and 'modern' French as well;
and Grabmann has noted its importance for the history of theological thought. Although Haskins was wary of their use as historical sources, his article published in 1904 on the University
of Paris in the sermons of the thirteenth century indicates the
potential contribution of these texts to our knowledge of university life.

Sermons, however, present a formidable task to the investi-
gator. There are thousands of Medieval Latin sermons extant in
the manuscripts of the twelfth, thirteenth, and fourteenth cen-
turies. Most are unpublished. Many are anonymous, and a given
preacher's texts are difficult to distinguish from those of another
preacher because of certain homogeneous features in their
external trappings. Given a sermon by Stephen Langton and
one by another preacher of his time, one is impressed by how
much these texts have come to look alike in the process of

2   See Bibliography for references to the work of Langlois and other
    scholars mentioned here.

transmission. They begin with a theme drawn from Scripture; sometimes the text is identified by an appropriate rubric; more often than not, these sermons draw on a common stock of examples and similitudes. These preachers were, after all, of the same school and tradition in sermon-making.

Nor do all these sermons, any more than their modern counterparts, make very interesting reading. In sometimes putting their listeners to sleep, medieval preachers were not unique. Their tendencies to hyperbole, to distortion, and to idealization demand caution on the historian's part. Their use as sources requires application of rigorous standards of historical criticism. The historian must consider the treatment of the sermon form in the light of rhetorical theory, the relation between the spoken and written sermon, and the question of the vernacular and Latin sermon. Consideration of these problems can contribute to a fruitful study of the sermons and a glimpse, therefore, into the thought and mores of the society which the preacher mirrored in his homilies. The Annalist of Waverley called Stephen Langton 'vite speculator et speculum.' As an observer of life and a mirror, he offers in his sermons a rare opportunity to grasp some notion of the popular mentality.

The texts in this volume date from a period when the sermon itself was in a stage of transition. By the late twelfth century when Langton was preaching, sermons were in the process of evolving from the simpler *homilia* or commentary on the gospel of the mass to the longer and more complex texts of the later middle ages. Earlier homilies, best illustrated by the monastic sermon, had been rather simple in style and content. Beginning with the statement of the theme drawn from Scripture (generally based on the daily liturgy), the preacher went on to develop the theme citing appropriate biblical and patristic sources.

In the late twelfth century, however, influences both within the church and in the society at large had their effects on medieval preaching. From the intellectual centres of the church, notably at Paris, masters and doctors such as Maurice de Sully, Peter the Chanter, Robert de Courçon, and Stephen Langton preached reform within the church and militancy against its enemies. The changing character of audiences, from those almost exclusively clerical to popular or mixed audiences, made the sermon of the high middle ages a significant educational tool and contributed to the effort to improve the general standards of preaching. Recognition of the importance of popular preaching was achieved when the prelates (including Langton), assembled at Rome for the Lateran Council in 1215, stated in the tenth canon adopted by the Council that 'bishops have the responsibility to name men suited to fulfill the important task of edifying the flock by word and example.' Langton's Paris friend, Innocent III, himself a renowned preacher, exemplifies an age when the sermon was coming into its own as an effective instrument not only against the enemies of the church, but also in winning popular support for his plans of reform.

The fresh emphasis on popular preaching led to the growth of a substantial literature, the *artes praedicandi*, which outlined the choice of themes and various subdivisions of the sermon according to certain conventional rules. These preaching manuals and collections of sermons to be used by other preachers proliferated in the course of the later middle ages.

In the Langton sermons, we can already see a substantial change from the earlier homiletic form. The development of the theme is more complex, although the protheme (which was itself a creation of the thirteenth century) is not evident in all cases. (For an example of the protheme which follows the statement of the preacher's unworthiness, see II.2.1 below.) Exempla (e.g. II.6.16, 9.2, 18.10; IV.1.12, 5.1, 28.2) and the senses of scriptural interpretation (e.g. I.19.17; IV.11.3, 12.9-10) are more frequent. These developments are not all that uniform, but clearly the more extensive commentary, the use of learned citations (e.g. I.4.11, 5.3, 10.11, 22.4, 27.16; II.7.13; III.14.31; IV.15.6, 34.5), with some sense of organization in the discourse, anticipate the complex form of late medieval preaching. Master Stephen's sermons took on the characteristics of the epoch and the atmosphere of the schools: such devices as the symbolical interpretation of proper names and numbers (e.g. I.28.8-9;

III.7.1, 14.18; IV.25.5, 32.12) and a predilection for allegory. As a master in the schools and later archbishop of Canterbury, Langton was able to utilize the various tools and conventions of the art of preaching and put them to the service of his students and his flock.

The sermons that follow are given in their entirety. They are drawn from important periods in Langton's career as master of theology at Paris and as archbishop of Canterbury: from the inaugural sermon-lecture preached at Paris in 1180 to the archbishop's preaching on Becket in the last years of his life. We have, furthermore, in the sermon on the Great Interdict (Sermon II), not only an example of preaching addressed principally to a popular or mixed audience, but also an unusually vivid source contemporaneous with the arrival from exile of the controversial archbishop of Canterbury.

The first of our texts (Sermon I) is Langton's inaugural lecture as master of theology. Delivered at Paris in 1180, it takes the form of a sermon and was addressed to an audience of clerics. Consisting largely of a commentary on various passages in the book of Exodus, the sermon has as its subject the study of Scripture and the qualities necessary for learning and teaching Sacred Scripture. For this sermon I have selected Leipzig Manuscript 443 as the basis of the text because of its long and established tradition as an authentic source of Langton's sermons.[3] The sermon was first published in an Appendix of my book on Langton's sermons, based on Leipzig MS. 443, folios 189v-191v, and three Paris manuscripts: Bibliothèque Nationale lat. 2915, folios 60v-64v; lat. 2995, folios 135v-138v; and lat. 15025, folios 222v-226v. The present text is based on the thirteenth-century manuscript Leipzig 443 (hereafter referred to as *L*) with reference to Paris, BN MS. lat 15025 (*P*).

Sermons II, III, and IV belong to Langton's years as arch-

---

3   On this MS see Roberts, *SL* pp. 143-4. References to individual sermons and to their MSS can be found in the relevant Appendices in the book which contain complete descriptions of the MSS and detailed classifications of the sermons.

bishop of Canterbury. Sermon II, delivered by Archbishop Langton at London on 25 August 1213, is an apology for the failure to raise the interdict which had been pronounced on England and Wales on 23 March 1208 and remained in effect until 2 July 1214. The interdict had been imposed by Pope Innocent III in an effort to force King John's acceptance of Langton as archbishop of Canterbury. The excommunicated king was also threatened with deposition should he not submit to the pope by 1 June 1213. Langton (with four of his suffragan bishops) was received at Winchester in July 1213 by King John, whom he subsequently absolved from his excommunication. While the ecclesiastical sanctions of interdict and excommunication were serious, John's fear of domestic rebellion and foreign invasions must not be ignored as motivating the king's submission. The text of this sermon is based on the unique thirteenth-century manuscript Troyes 862,[4] folios 85r-89r (hereafter T), with special reference to the edition published by G. Lacombe in 1930 (*Lacombe*).[5]

Sermon III was apparently preached by Archbishop Langton to a monastic congregation in Rome during the Christmas season in December 1220. We know from the chronicler Walter of Coventry[6] that Langton set out for Rome in the autumn of 1220 on church business; that he took with him some relics of the blessed martyr Thomas Becket; and that, at the request of Pope Honorius III, he preached a sermon. The occasion was the fiftieth anniversary of Thomas' martyrdom, which fell on Tuesday 29 December 1220.[7] So far as is known, only a single copy of this sermon is extant, in an anonymous book of sermons in the thirteenth-century manuscript Arras 222 (334), folios 13r-

---

4 On this MS see Roberts, *SL* pp. 148-9.
5 G. Lacombe, 'An Unpublished Document on the Great Interdict 1207-1213,' *Catholic Historical Review* 15 (1930) 408-20.
6 Walter of Coventry, *Memoriale,* ed. W. Stubbs, Rolls Series (1872-3) II, 246.
7 On this sermon, see P.B. Roberts, 'Langton on Becket: A New Look and a New Text,' *Mediaeval Studies* 35 (1973) 38-48.

15r (hereafter *A*).[8]

Sermon IV: On Tuesday 7 July 1220, the remains of St.
Thomas Becket were solemnly moved ('translated') to a new
location in the choir (the 'Trinity Chapel') of Canterbury
Cathedral. Stephen Langton as archbishop of Canterbury pre-
sided at this grand occasion. The year 1220 marked the jubilee
celebration of Thomas' martyrdom.[9] Although the sermon
that appears here bears the title 'Tractatus de translatione Beati
Thomae' it is more likely that it was preached a year later, in
July 1221, when a synod was held at Canterbury to commemo-
rate the anniversary of the translation. The close resemblance
between the sermon and the Office of the Translation (composed before 7 July 1221 by Langton or someone in his imme-
diate circle) suggests that the sermon text in its present form
may well represent a later amalgam of two stages of Langton's
preaching on Becket in 1220 and 1221.

The occasion of the translation was widely noticed by the
chroniclers, and the text of the sermon based on the Vatican
manuscript (cited below) was first published in a collection of
materials on Becket (called the *Quadrilogus*) by Christian Wolf
(or Lupus) at Brussels in 1682. The 'Lupus' edition was reprinted by J.A. Giles in 1845 and the 'Giles text' reprinted by
Migne in 1854.[10] The present text is based on the unique
fourteenth-century manuscript Vatican lat. 1220 (olim 722),
folios 257r-262v (hereafter *V*), with reference to the text as it
is found in Migne (*Migne*).

In all the texts in this edition, I have followed the manuscript

---

8   For a complete description and analysis of the contents of this MS,
    see Roberts, *SL* pp. 152-4 and 262.

9   The standard work on the tradition of the Canterbury pilgrimage
    and various jubilee celebrations is R. Foreville, *Le jubilé de Saint
    Thomas Becket du XIIIe au XVe siècle (1220-1470)* (Paris 1958).
    See especially pp. 3-11, 42-5, and the Appendix 89-95 for compa-
    risons between this sermon and the Office of the Translation.

10 J.A. Giles, 'Vita S. Thomae,' *Herberti de Boseham ... opera quae
    extant omnia,* ed. J.A. Giles, Patres ecclesiae Anglicanae (Oxford
    1845-6) II, 269-97; reprinted in PL CXC, 407-24.

orthography. The manuscript distinctions between *u/v* and *i/j* have been retained, whether consistent in practice or not. Quotations from the Vulgate that are sometimes abbreviated in the manuscripts are here expanded. Words in angle brackets < ...> have been supplied for the sake of the sense; words in square brackets [...] are to be deleted. Sermon III is marked for public reading, and I have retained these markings. In Sermons I, II, and III, I have divided each sermon into sections which are numbered consecutively and provide a basis for reference in the notes. In Sermon IV, I have followed the section divisions in the manuscript as a basis for references, even though these sub-divisions on occasion break the sequence of the argument.

Foreville, R. *Le jubilé de Saint Thomas Becket du XIIIe au XVe siècle (1220-1470)* (Paris 1958) [includes relevant documents]

Giles, J.A. 'Vita S. Thomae,' *Herberti de Boseham ... opera quae extant omnia,* ed. J.A. Giles, Patres ecclesiae Anglicanae (Oxford 1845-6) II, 269-97 [reprinted by J.P. Migne in Patrologia Latina CXC, 407-24; first edited by C. Wolf ('Lupus'), Brussels 1682; text of Sermon IV]

Grabmann, M. *Die Geschichte der katholischen Theologie* (Freiburg-im-Br. 1933)

Haskins, C.H. 'The University of Paris in the Sermons of the XIIIth Century,' *American Historical Review* 10 (1904) 1-27

Lacombe, G. 'An Unpublished Document on the Great Interdict 1207-1213,' *Catholic Historical Review* 14 (1930) 408-20 [text of Sermon II]

Lacombe, G., B. Smalley, and A.L. Gregory. 'Studies on the Commentaries of Stephen Langton,' *Archives d'histoire doctrinale et littéraire du moyen âge* 5 (1930) 5-266

Langlois, Ch.-V. 'L'Eloquence sacrée au moyen âge,' *Revue des deux mondes* 115 (1893) 170-201

Lecoy de la Marche, A. *La chaire française au moyen âge, spécialement au XIIIe siècle* (Paris 1886) [an older work, but especially valuable in showing the usefulness of sermons as historical sources]

Owst, G.R. *Preaching in Medieval England* (Cambridge 1926) [based on manuscripts from ca. 1350-1450]

———— *Literature and Pulpit in Medieval England,* 2nd ed. (Oxford 1961)

Powicke, F.M. *Stephen Langton* (Oxford 1928) [the standard biography]

Roberts, P.B. 'Langton on Becket: A New Look and a New Text,' *Mediaeval Studies* 35 (1973) 38-48 [text of Sermon III]

———— *Stephanus de lingua-tonante: Studies in the*

Sermons of Stephen Langton (Toronto 1968) [see Appendices for text of Sermon I and lists of MSS and sermons]

Schneyer, J.B. 'Eine Sermonesliste des Kardinals Stephan Langton,' *Recherches de théologie ancienne et médiévale* 29 (1962) 159-205 [indispensable bibliographical aid to the study of the sermons]

Smalley, B. *Study of the Bible in the Middle Ages,* 2nd ed. (Oxford 1952)

Welter, J.T. *L'Exemplum dans la littérature religieuse et didactique du moyen âge* (Paris 1927)

Abbreviations Used in this Volume

Du Cange	*Glossarium mediae et infimae Latinitatis ...,* comp. Ch. du Cange, 10 vols. (Niort 1883-7)
PL	Patrologiae cursus completus, ... series Latina, ed. J.P. Migne, 221 vols. (Paris 1844-64)
SL	*Stephanus de lingua-tonante: Studies in the Sermons of Stephen Langton,* by P.B. Roberts (Toronto 1968)

SERMON I

Leipzig MS. 443
folios 189v-191v

Paris: Inaugural Lecture, 1180

1.   Epistola Magistri Stephani de .x. plagis.

Legimus filios Israel de Egypto farinulam comspersam in palliis
ligatam in humeris suis portasse, de qua panes subcinericios sibi
fecerunt; deinde in deserto manna celeste acceperunt; tandem
5   in terra promissionis constituti, fructus regionis illius comede-
runt. Sic et nos tamquam ueri filii Israel, antequam ad terram
superne promissionis ueniamus et fructus terre illius comedamus,
duplici cibo speciali in presenti pasci debemus, farinam de
Egypto portantes et manna celeste degustantes. Vt uilescant
10   nobis temporalia, portetur de Egypto farina, id est discuciatur
mundi fallacia. Perit enim sophisma cum deprehenditur, transit
mundus et concupiscentia eius, preterit enim figura huius mundi.
Vt dulcescant nobis eterna, degustetur manna celeste, id est
cognoscatur sacra scriptura. Uerbum Domini manet in eternum.
15   De Egypto exire monuit qui dixit: 'Nolite diligere mundum,
nec ea que in eo sunt.' Farinam monstrauit cum subiunxit:
'Quoniam omne quod est in mundo aut concupiscentia est
oculorum, aut concupiscentia carnis, aut superbia uite.' Vt
autem sciamus ex quibus granis hanc farinulam colligere debea-
20   mus, plagas Egypti ad memoriam reuocemus, ut ex qualitate
percussionis elucescat calamitas uite mortalis.

2.   Prima Egypti percussio est aque in sanguinem conuer-
sio. Pro aqua sanguis in Egypto redundat, quia in hoc mundo
pro refrigerio boni operis habundat corruptio uite carnalis,
dicente propheta: 'Non est misericordia, non est ueritas, non
5   est scientia Dei in terra. Maledictum, furtum, mendacium, adul-
terium, homicidia inundauerunt, et sanguis sanguinem tetigit.'

1/2	*Legimus:* cf. Exod. 12:34, 39
	farinulam comspersam: i.e. the dough before it was leavened
/3	*panes subcinericios:* unleavened bread
/4	*deinde in deserto:* Exod. 16
/15	*Nolite:* I Ioh. 2:15
/17	*Quoniam:* I Ioh. 2:16
2/1	*Prima:* cf. Exod. 7:17
	percussio: i.e. *plaga*
/4	*Non est:* Os. 4:1-2

3.   Secunda plaga Egyptiorum est multitudo ranarum.
Rane Egypti sunt uaniloquia huius seculi de quibus scriptum
est: 'Corrumpunt mores bonos confabulationes pessime.' Has
ranas Egypti fluuius ebullit, quia sermones uanitatis habundan-
5   tia temporalis producit et nutrit. Ingrediuntur hee rane cubicu-
lum lectuli Pharaonis, stratum eius et reliquias ciborum eius,
quia apud eos habundant uaniloquia, teste propheta: 'Qui dormiunt in lectis eburneis, lasciuiunt in stratis suis. Qui comedunt
agnum de grege et uitulum de medio armenti, qui canunt ad
10   uocem psalterii et nichil paciuntur super contritione Ioseph,'
id est pauperis. Ranas Egypti arcere uoluit cum dixit: 'Fornicatio et omnis inmundicia non nominetur in uobis, aut auaricia,
aut turpitudo, aut stultiloquium, aut scurilitas, que ad rem non
pertinet, sed magis gratiarum actio.'

4.   Tercia plaga Egyptus percutitur cum puluis terre in
ciniphes uertitur. Stimulus ciniphis est aculeus nociui sermonis.
Bene autem natura culicis exprimit qualitatem lingue mordacis.
189v2   Hoc enim animal modicum est / et inquietum. Magna impetit
5   et acriter pungit. Et teste beato Iacobo: 'Lingua modicum
membrum est et magna exaltat. Inquietum malum est, et plena
ueneno mortifero.' Hanc plagam significat Eliphas, loquens ad
beatum Iob. Cum enim dixisset: 'In sex tribulationibus liberabit
te Dominus, et in septima non tanget <te> malum,' quibusdam
10   pretermissis subiungit: 'Et a flagello lingue absconderis.'
'Flagellum lingue est exprobratio illate contumelie. Sancta ergo
anima a flagello lingue absconditur, quia dum in hoc mundo

3/1   *Secunda:* cf. Exod. 8:1
/3   *Corrumpunt:* I Cor. 15:33
/3-4   *Has ranas:* cf. Exod. 8:3
/7-8   *Qui dormiunt:* cf. Amos 6:4-6
/11-12 *Fornicatio:* Eph. 5:3-4
4/1   *Tercia:* cf. Exod. 8:16
/5   *Lingua:* Iac. 3:5, 8
/8   *In sex:* Iob 5:19
/10   *Et a flagello:* Iob 5:21
/11   *Flagellum lingue:* Greg. *Moral. in Iob* 6.28 (PL LXXV, 754)

honorem laudis non querit, contumeliam detractionis non sentit.'
Hinc Dauid ait: 'Ipse liberauit me de laqueo uenancium, etc.'
15   Asperitatem uerbi euadere est irrisiones detrahentium dissimu-
lando calcare. Cinifes Paulus fugare uoluit cum ait: 'Omnis
amaritudo et ira et omnis indignatio et clamor tollatur a uobis
cum omni malicia.'

5.   Quarta plaga est musca grauissima. Grauissima musca
est mundane sollicitudinis cura uel remordens conscientia. Unde
Gregorius: 'Nichil enim est laboriosius quam terrenis desideriis
estuare, nichil quietius quam in hoc mundo nichil appetere.
5   Hinc est quod Israel custodiam sabbati accepit in munere. Egyptus percutitur muscarum multitudine. "He sunt musce morientes
que perdunt suauitatem unguenti," quia dum cure multiplices
in corde nascuntur et deficiunt, suauitatem deuotionis corrumpunt et distrahunt.' Hec musca, secundum prophetam, habitat
10   in extremo fluminum Egypti. Flumen Egypti est uoluptas huius
seculi, que cito effluit et in mare, id est in amaritudinem, defluit.
'Labia meretricis mel distillant et nouissima illius amara uelud
absynthium.' Utramque extremitatem huius fluuii Egypti musca
occupat, quia plenus anxietatis est uoluptatis appetitus, satietas
15   uero penitentie, utrumque ergo amaritudo. Unde propheta:
'Eum qui ab aquilone est longe faciam a uobis, <faciem eius ad
mare orientale> et extremum eius ad mare nouissimum.' Mare
orientale est amaritudo preueniens, mare nouissimum amaritudo
subsequens.

4/14   *Ipse:* Ps. 91:3
/16-17   *Omnis amaritudo:* Eph. 4:31
5/1   *Quarta:* cf. Exod. 8:21.   *musca grauissima:* swarms of flies
/3   *Gregorius:* cf. *Moral. in Iob* 18.43 (PL LXXVI, 78)
/5   *Hinc est:* cf. Exod. 16:29
/5-6   *Egyptus:* Exod. 8:21
/6   *He sunt:* Eccle. 10:1
/9   *prophetam:* cf. Is. 7:18
/10   *in extremo:* at the edge
/12   *Labia:* Prov. 5:3-4
/16   *Eum qui:* Ioel 2:20
/ 17   *nouissimum:* western

6.   Quinta plaga est mors pecorum. Pecora sunt de quibus ait beatus Iudas apostolus: 'Quecumque tamquam bruta animalia norunt in his corrumpuntur.' Que autem sit mors horum pecorum consequenter ostendit; cum enim premisisset: 'Hi
5   sunt in epulis suis macule, conuiuantes sine timore, pascentes semetipsos, nubes sine aqua, arbores autumnales infructuose bis mortue, fluctus feri maris despumantes confusiones suas, sidera errantia,' in fine subiunxit, 'quibus procella tenebrarum conseruata est in eternum.' Horum etiam pecorum describens
10   beatus Iob miserabilem exitum, ait de adultero: 'Ad calorem nimium transeat ab aquis niuium, et peccatum illius sit usque ad inferos. Obliuiscatur eius misericordia, dulcedo illius uermis, non sit in recordatione et conteratur quasi lignum infructuosum.'

7.   Sexta plaga est uesicarum turgentium multitudo. Turgens uesica est inflatio superbie. Hec est plaga tumens que, secundum prophetam, non est circumligata fasciis preceptorum /
190r1   nec curata medicamine penitentie nec lota oleo diuine misericordie. Bene autem cinis camini de manu Moysi proicitur < et
5   ita hec plaga producitur. Cinis camini est homo estuans desideriis seculi. Cinis iste de manu Moysi proicitur,> dum homo qui cinis est legem abicit et a lege abiectus ostenditur. Cinis iste in celum spargitur, dum homo per superbiam elatus extra se fundi-
10   tur, nec per humilitatem intra se colligitur.

8.   Septimum genus percussionis fuit impetus grandinis. Grando contundens est potestas secularis pauperes opprimens.

6/1   *Quinta:* cf. Exod. 9:6
/2   *Quecumque:* Iud. 10
/4-5   *Hi sunt:* Iud. 12-13
/10   *Ad calorem:* cf. Iob 24:19-20
7/1   *Sexta:* cf. Exod. 9:9
        uesicarum turgentium: swollen boils
/3   *prophetam:* cf. Is. 1:6
/5   *Bene autem:* cf. Exod. 9:10
        cinis camini: ashes from the kiln
8/1   *Septimum:* cf. Exod. 9:22

Habundant enim in hac Niniue secundum prophetam 'uox
flagelli et uox impetus rote': uox flagelli in paupere conquerente,
5   uox impetus rote in diuite opprimente. Unde aduertendum est,
quod grando primitiuis nocuit sed serotina non lesit. Primitiui
sunt qui festinant accipere temporalia, serotini qui reseruant se
ad eterna. De primitiuis ait Salomon: 'Hereditas ad quam festi-
natur in principio, in nouissimo benedictione carebit.' De sero-
10   tinis ait iterum Salomon: 'Cum surrexerint impii, abscondentur
homines, et cum illi perierint, multiplicabuntur iusti.' De seroti-
nis simul et primitiuis ait: 'Substantia festinata minuetur, que
autem paulatim colligitur multiplicabitur.' Grando igitur primitiua ledit, serotina non, quia ut ait Salomon: 'Non contristabit
15   iustum quicquid ei acciderit, impii autem replebuntur malo.'

9.   Plaga octaua percutiens est locusta consumens. Locusta
depascens est adulatio demulcens. Bene autem lingua adulatoris
locuste comparatur. Sicut enim locusta tempore frigoris torpescit
in calore autem alacriter exilit, sic adulator tempore aduersitatis
5   se sub silentio claudit, set in tempore prosperitatis impudenter
se excutit. Bene autem scriptum est: 'Quod grando reliquid,
locusta consumpsit.' Sepe enim bonum quod non minuit aduer-
sitas frangens perimit adulatio demulcens.

10.   Nona est plaga caliginis. Bene autem post plagam locu-
starum sequitur plaga tenebrarum. Qui enim peccatum alterius

8/3-4   *uox flagelli:* Nah. 3:2
/6   *quod grando:* cf. Exod. 9:32
/8   *Hereditas:* Prov. 20:21
/10   *Cum surrexerint:* Prov. 28:28
/12   *Substantia:* Prov. 13:11
/14   *Non contristabit:* Prov. 12:21
9/1   *Plaga octaua:* cf. Exod. 10:12
/2-3   *lingua ... comparatur:* cf. Greg. *Moral. in Iob* 31.25 (PL
          LXXVI, 599)
/5   *set = sed*
/6   *Quod grando:* cf. Exod. 10:5
          reliquid = reliquit
10/1   *Nona:* Exod. 10:21

palpat, ipsum peccatorem excecat. Unde Salomon: 'Homo qui
blandis fictisque sermonibus loquitur cum amico suo, rete ex-
5   pandit pedibus eius.' Et propheta: 'Popule meus, qui te beatum
dicunt, ipsi te decipiunt et uiam gressuum tuorum dissipant.
Stat ad iudicandum Dominus et stat ad iudicandos populos, etc.'
Quanta autem sit huius plage temptatio, ostendit Salomon cum
ait: 'Sicut in conflatorio examinatur argentum et in fornace
10   aurum, sic probatur homo ore laudantis.' Hoc exponens,
Gregorius ait: 'Argentum et aurum quale sit ignis ostendit. Si
reprobum est, igne consumitur; si probum, igne declaratur.' Si
enim laudibus auditis in altum se extollit, quid aliud quam
aurum reprobum fuit quod fornax consumpsit? Si autem ad
15   diuini iudicii redit considerationem et ne laudibus suis grauetur
metuit, ex igne purgationis excrescit in augmentum caritatis.

11.   Decima plaga est mors primogenitorum. Hoc nomen
'primogenitus' non semper refertur ad etatem, immo interdum
ad dignitatem. Primogeniti Egypti sunt potentes. Ad hanc plagam filii Israel non tantum exire monentur, uerum etiam com-
190r2 pelluntur. / Sicut scriptum est: 'Urgebant Egypti populum
Israel exire, dicentes: omnes morimur.' Dum enim potens in-
prouisa morte tollitur de medio, adeo quod ei competat quod
scriptum est: 'Ego ille quondam opulentus repente contritus
sum,' ad fugiendum Egypti sordes <uidetur> non tantum nos
10   inuitare uerum etiam compellere, sicut in Ecclesiastico dicitur:
'Memento iudicii mei, sic erit et tuum; meum heri, tuum hodie.'
Mundus iste est aduocatus contra se ipsum. Unde Gregorius:

10/3   *Homo:* Prov. 29:5
/5   *Popule:* Is. 3:12-13
/9   *Sicut:* Prov. 27:21
/11   *Gregorius:* cf. *Moral. in Iob* 16.32 (PL LXXV, 1141)
11/1   *Decima:* cf. Exod. 12:29
/5   *Urgebant:* Exod. 12:33
/7-9   *adeo ... uidetur:* 'to the extent that the words "Ego ille ..."
       suit him, he seems ...'
/8   *Ego:* Iob 16:13
/11   *Memento:* Eccli. 38:23
/12   *Gregorius:* cf. *Super lib. Eccli.* 24 (PL LXXIX, 939-40)

'Odio habendus esset mundus si rebus prosperis animum demul-
ceret.' At ubi tot amaritudines ingeminat, tot calamitatibus
15   animum pulsat, quid aliud nisi ne diligatur clamat?

12.   Dum hec et alia Egypti incommoda cernimus [attendi-
mus], grana in usum farine colligimus. Dum autem singula diligenter discutimus, grana comminuimus et quasi in farinam redi-
gimus. Hanc farinam quidam habent, set in humeris non portant,
5   quia mundum contemptibilem sciunt, nec tamen contempnunt.
Sunt qui in humeris portant set in palliis non ligant, quia quo-
dam tedio affecti et aduersitate pusilli mundum deserunt, set
contemptum illum ad caritatem non referunt. Hoc autem pallium
breue est quod utrumque operire non potest. Hoc est pallium
10   laudis quod datur pro spiritu meroris. Debemus igitur farinam
habere, id est uanitates mundi attendere; in humeris portare, id
est quod contemptibile scimus contempnere, et quod in scientia
scimus opere exhibere. Et ut bene feramus, debemus farinam in
palliis nostris ligare, id est contemptum mundi ornamento carita-
15   tis informare. Farina itaque conspergitur dum scientia lacrimarum
effusione solidatur. Qui enim apponit scientiam apponit et
dolorem. Conspersio est farina aqua conglutinata. De farina
conspersa subcinericios panes facere est condicionem nostre
mortalitatis ad memoriam reuocare et quod homo cinis et puluis
20   est diligenter attendere.

13.   Uidimus quomodo portetur de Egypto farina; nunc
uideamus quomodo in deserto colligendum sit manna. Manna
est sacra scriptura, quod facile perpendere poterimus si ea que
leguntur de manna ad memoriam reducamus. Primo considere-
5   mus quod legitur: 'Cum descenderet ros, descendebat pariter et
manna.' In suauitate roris intelligitur benignitas diuine miserationis.

12/1   *incommoda:* misfortunes, i.e. the plagues
/10   *meroris = maeroris*
/10-11 *farinam habere:* cf. Exod. 12:34
/17-18 *farina conspersa:* cf. Exod. 12:39
/19   *quod homo:* cf. Gen. 18:27
13/5   *Cum descenderet:* cf. Exod. 16:13

Bene igitur cum rore manna descendit, quia Dominus genus
humanum oculo benignitatis respexit, cum tenebras nostre mortalitatis illustrauit claritate scripture celestis. Sicut scriptum est:
10   'Lucerna pedibus meis uerbum tuum. Preceptum tuum lucidum.'
Non solum autem cum rore descendisse set in modum roris in
circuitu castrorum legitur iacuisse, quia per uirtutem uerbi
diuini castra milicie nostre circumquaque defendit misericordia
Domini. Sicut scriptum est: 'Omnis sermo Domini ignitus
15   clipeus est sperantibus in se.'

190v1   **14.**   Secundo occurrit considerandum / quod legitur:
'Apparuit manna in solitudine minutum et quasi pilo tunsum.'
Granum pilo tunditur ut folliculus exuatur. Sic et littera pilo
expositionis comminuitur dum eius intellectus aperitur. Bene
5   igitur quasi pilo tunsum apparet manna, quia facilis reputatur
sacra scriptura. Set licet manna sit quasi pilo tunsum, est tamen
minutum. In minutiis exprimitur uirtus subtilitatis. Bene igitur
manna est et minutum et quasi pilo tunsum, quia et sacra scriptura simplicibus facilis uidetur intelligentie et ab acutis reperitur
10   subtilitatis inexhauste. Unde bene filii Israel leguntur dixisse
manna uidentes: 'Manu,' quod interpretatur, 'quid est hoc?'
quia inter filios Israel sunt deuoti et humiles, superbi et arro-
gantes. Humiles manna minutum considerantes pre ammiratione
cordis obstupescunt et dicunt, 'Quid est hoc?'; qui uero superbi
15   sunt, manna considerantes contempnunt, et illusorie dicunt,
'Quid est hoc?'

15.   Tercio considerandum est quod manna in modum
pruine legitur iacuisse. Uerbum Domini et ignis est et pruina.

13/10   *Lucerna:* Ps. 118:105.   *Preceptum:* Ps. 18:9
/11-12   *in circuitu castrorum:* round about the camp
/14   *Omnis:* Prov. 30:5
14/2   *Apparuit:* Exod. 16:14
         quasi pilo tunsum: as if crushed by a pestle
/3   *ut folliculus exuatur:* so that the husk may be stripped away
/11   *Manu:* Exod. 16:15 (cf. Greg. *Super Exod.* 24, PL LXXIX,733)
15/1   *quod manna:* Exod. 16:14

Ignis est, unde Ieremias: 'Nonne uerba mea quasi ignis et quasi malleus contundens peccatum?' Ignis est, quia ad bonum opus
5   inflammat. Pruina est, quia contra uitiorum incentiua refrigerat. Bene in modum pruine, quia uerbum <Domini> carnalia desideria reprimit et cohibet.

16.   Quarto attendendum est quod scriptura tempus et modum colligendi manna determinat. De tempore scriptum est: 'Mane colligebant manna.' Uere mane colligendum est manna, quia, peccati mortalis nocte fugata, dum recens est ingenii per-
5   spicacitas addiscenda est sacra scriptura. Scriptum est quod filii Israel iussi sunt rerum suarum primicias offerre in constructione tabernaculi. Eorum igitur exemplo ingenii nostri primicie, non feces, Domino essent consecrande. Et tamen si quis reliquias ingenii per multa discussi, et tamquam per multitudinem scienti-
10 arum exhausti, ei offerre uellet, benigne susciperet. Sed eum a quo omnia habemus uix etiam reliquiis dignum iudicamus. Si artem recte loquendi uel ordinem uelles addiscere, senectutem studeres preuenire: artem bene uiuendi scire proponis, et usque in senium expectabis?

17.   Scriptum preterea est de manna, quod qui plus collegerat, non habebat plus; nec qui minus, habuit minus. Tantum de manna colligis, quantum de sacra scriptura interdum percipis. Tantum uero habes, quantum operatione exhibes. Sepe enim
5   qui minus colligit, non minus habet, quia quod minus est in scientia supplet operatio bona; plus autem colligens, non ideo plus possidet. Plerumque enim torpescit in opere qui plus dinoscitur habere scientie. Non est autem silentio pretereundum quod tantum unusquisque collegit, quantum ad uescendum

15/3   *Nonne:* cf. Ier. 23:29
16/3   *Mane colligebant:* Exod. 16:21
  /5   *Scriptum est:* Exod. 25:2 ff.
17/1   *quod qui:* Exod. 16:18
  /6   *operatio bona:* 'good works' (cf. Prudentius, *Psychomachia* 573)
  /9   *quod tantum:* Exod. 16:16

10   sufficere potuit. Quis finis studii nostri esse debeat, ex hoc
facto manifeste perpenditur. Tunc enim recte manna colligitur
190v2   cum ea intentione cibus / sacre scripture acquiritur ut hoc ali-
mento homo interior reficiatur. Unde non uacat quod manna
in diem alterum reseruatum scatere cepit uermibus atque com-
15   putruit, cum autem in sabbatum fiebat reseruatio, eam nulla
sequebatur putrefactio. Cum sapientie thesaurus colligitur ut
eterna requies obtineatur, manna in diem sabbati reseruatur.
Cum uero ex auaricia congregatur et in usum bene uiuendi non
assumitur, manna in diem alterum non in sabbatum sic colle-
20   ctum uermes generat. Sic enim colligentes expectat 'uermis
qui non moritur et ignis qui non extinguitur.' Manna ad uescendum colligi monuit Salomon dicens: 'Bibe aquam de cisterna
tua et fluenta putei tui.' Aquam de cisterna sua bibit et fluenta
putei sui haurit, qui scientiam suam et uerba in opus conuertit.
25   Manna in diem alterum seruari noluit Salomon cum ait: 'Aquas
tuas in plateis diuide.' Deinde subiungit: 'Habeto eas solus.'
Mirabili modo aquas diuidit et solus eas retinet qui scientiam
cum humilitate dispensat nec tamen aure popularis inania captat.

18.   Nunc attendamus quod manna induruit ad ignem et
liquefiebat ad solem. Possumus ad presens per solem solem
iusticie, per ignem Spiritus Sancti gratiam intelligere. Et proui-
dentia huius gratie manna aliquando liquefit, aliquando indu-
5   rescit. Nunc liquefit quia, superna dispensante gratia, sacre
scripture intelligentia interdum est liquida et aperta, interdum
obscura. Liquefit manna ut donum celestis gratie agnoscamus.
Indurescit ne nostre infirmitatis inmemores de ingenii perspica-
tia superbiamus. Sicut spiritus prophetie corda prophetarum
10   interdum tangebat, interdum subtrahebat. 'Tangebat,' teste

17/13   *quod manna:* Exod. 16:20
/15   *cum autem:* Exod. 16:24
/20   *uermis:* cf. Mc. 9:43
/22   *Bibe:* Prov. 5:15
/25   *Aquas:* Prov. 5:16
/26   *Habeto:* Prov. 5:17
18/1   *quod manna:* cf. Exod. 16:21

beato Gregorio, 'ut scirent quod habebant a Deo, subtrahebat
ut scirent quid essent ex semetipsis.'

19. Nunc consideremus quod tripliciter determinat sacra
scriptura quem saporem habuit manna. Legimus quod populus
colligens manna frangebat illud mola siue coquebat in olla uel
terebat in mortario et faciebat ex eo tortulas, saporis quasi panis
5   oleati. Alibi legitur quod gustus eius erat simile cum melle.
Legitur iterum: 'Paratum panem de celo dedisti eis sine labore,
omne delectamentum habentem in se et omnis saporis suauitatem.' Uere sacra scriptura similam sapit cum melle, quia refecti-
onem pariter continet et dulcedinem. 'Mel et lac sub lingua
10   sponse et fauus distillans labia eius.' Uolumen quod comedit
Ezechiel factum est in ore eius dulce sicut mel. Liber deuoratus
a Iohanne sicut mel fuit in ore eius, licet uentrem faciat amari-
care. 'Quam dulcia faucibus meis eloquia tua super mel ori meo.'
Set quid est quod omnem saporem habuisse dicitur, et tamen
15   similitudine sapor eius exprimitur cum dicitur saporem habuisse
simile cum melle et panis oleati? Si attendere uoluerimus dum
sapor eius ita spiritualiter exprimitur, per consequens omnem
191r1 saporem habere perhibetur, / quoniam 'omne tulit punctum
qui miscuit utile dulci': dulcedo notatur in simila cum melle,
20   utilitas in oleato pane. Oleum reficit esurientes, recreat lassos,
lucis pabulum prestat, uulneratos sanat. Similiter quatuor usus
celestis discipline assignat Apostolus scribens Thimotheo:
'Omnis scriptura diuinitus inspirata utilis est ad docendum, ad

18/11   *Gregorio:* cf. *Super Exod.* 24 (PL LXXIX, 733)
19/2   *Legimus:* Num. 11:8
/4-5   *quasi panis oleati:* like cakes baked with oil
/5   *Alibi legitur:* Exod. 16:31
/6   *Paratum:* Sap. 16:20
/9   *Mel:* cf. Cant. 4:11
/11   *Ezechiel:* cf. Ez. 3:1-3
/12   *Iohanne:* cf. Apoc. 10:9
/13   *Quam:* Ps. 118:103
/18   *omne tulit:* Horace, *Ars poetica* 343
/23   *Omnis:* II Tim. 3:16

arguendum, ad corrigendum, ad erudiendum.' Merito igitur
25   manna saporem habet panis oleati, mola comminutum uel in
mortario tritum et in olla coctum. Dum enim uerbum Domini
mola lectionis comminuitur uel pilo disputacionis teritur et
postmodum in olla mentis assidua meditacione dequoquitur,
docet, arguit, corrigit et erudit, et ita more olei pascit, recreat,
30   sanat et illuminat.

20.   Uidimus qualis sit sacra scriptura; nunc uideamus
qualiter sit addiscenda, qualiter docenda. Discenti quinque
sunt admodum necessaria: uite mundicia, cordis simplicitas,
attencio mentis, humilitas et mansuetudo.

21.   Uite mundicia est necessaria quia in maliuolam animam
non introibit sapientia, nec inhabitabit in corpore subdito peccatis. Electuarium preciosum si haberes, in pixide munda repone-
res et electuarii omnia sanantis receptaculum non mundabis?
5   Scriptum est: 'Non herba, non malacma sanauit eos, sed sermo
tuus, Domine, qui sanat omnia.' Et propheta: 'Erunt fructus
eius in cibum et folia eius in medicinam.' Et Iohannes ait:
'Folia ligni uite erunt in sanitatem gentibus.' Legimus Dominum
precepisse per Moysen ut populus legem accepturus sanctifica-
10   retur, uestimenta sua lauaret et ab uxoribus abstineret. Multo
fortius tu legem ewangelicam auditurus debes sanctificare corpus
tuum quod est anime uestimentum, diligenter abluere et te ab
omni inmundicia inpollutum seruare, ut secundum Salomonem
omni tempore sint uestimenta tua candida. Legimus iterum per
15   Moysen Dominum precepisse ut cineres uitule rufe mundus uir
colligeret et <in> aquam expiationis, cui cinis erat admixtus,

21/3   *Electuarium:* an electuary; medicine that melts in the mouth
/5   *Non herba:* Sap. 16:12
        malacma = malagma
/6   *Erunt:* Ez. 47:12
/8   *Folia ligni:* cf. Apoc. 22:2
        Legimus: cf. Exod. 19:10, 15
/14   *omni tempore:* Eccle. 9:8
        Legimus: cf. Num. 19:9

homo mundus aspergeret. Uitule rufe cinis significat memoriam
Dominice passionis. Hunc cinerem aspergit qui ewangelium legit;
colligit qui audit. Mundus itaque debet esse et aspergens et colli-
20   gens, quia inpollutus debet esse ewangelium et docens et audiens.

22.   Simplicitas cordis iterum necessaria est, sicut scriptum
est: 'Sentite in Domino in bonitate et in simplicitate cordis
querite illum.' Item: 'Spiritus sanctus discipline effugiet fictum.'
Nullus sapientiam que Deus est plene recipit, nisi qui se ab
5   omnium carnalium cogitationum cura retrahit. Vnde scriptum
est: 'Sapientiam scribe in tempore uacuitatis et qui minoratur
actu percipiet eam.' Et in Psalmo: 'Uacate et uidete quoniam
191r2   ego sum Deus, etc.' Hinc est quod Israel re/quiem Sabbati accepit, Egyptum muscarum multitudo uexauit. Qui enim Deum
10   credit a carnalium desideriorum strepitu quiescit; Egyptus, id
est mundus, muscis percutitur quia curis insolentibus uexatur et
affligitur. De his muscis scriptum est: 'Musce morientes perdunt
suauitatem unguenti.' Dum enim cogitationes superflue in corde
nascuntur et deficiunt, suauitatem perdunt, id est dulcedinem
15   celestis pabuli et deuotionem mentis corrumpunt et destruunt.
Hinc Dauid cum premisisset: 'Beati qui custodiunt testimonia
eius,' eleganter subiunxit: 'In toto corde exquirunt eum.' Qui
enim scrutantur uerba sacre scripture non dimidio sed toto
corde Deum debent exquirere.

23.   Necessaria iterum est cordis attentio. Non enim fastidi-
entes set sitientes inuitantur ad aquas. Cibus sacre scripture cum

22/2   *Sentite:* Sap. 1:1
 /3   *Spiritus:* Sap. 1:5
 /4   *Nullus:* cf. Greg. *Super lib. Eccli.* 24 (PL LXXIX, 939)
 /6   *Sapientiam:* Eccli. 38:25
 /7   *Uacate:* Ps. 45:11
 /8   *Hinc:* cf. Exod. 16:29
 /9   *Egyptum:* cf. Exod. 8:21
 /12   *Musce:* Eccle. 10:1
 /16   *Beati:* Ps. 118:2
 /17   *In toto:* Ps. 118:2
23/1   *Non enim:* cf. Is. 55:1

quadam spirituali sumendus est auiditate. Hinc est quod dictum
est Iohanni: 'Accipe librum et deuora.' Quid est librum deuorare
5   nisi uerbum Dei auide percipere? Attentionem inuitat et atten-
tos confortat, quod de sapientia scriptum est: 'Clara est et que
nusquam marcescit sapientia, et facile uidetur ab his qui diligunt
<eam> et inuenietur ab his qui querunt eam. Preoccupat eos
qui se concupiscunt et illis se prior ostendit. Qui de luce uigila-
10   uerit ad illam non laborabit, assidentem enim foribus suis illam
inueniet.'

24.   Necessaria est humilitas. Unde: 'Bonum mihi quia
humiliasti me.' Et propheta ait: 'Quem docebit scientia et intelligere faciet auditum nisi ablactatos a lacte, auulsos ab uberi-
bus?' Quod tamquam exponens ait Dominus in ewangelio:
5   'Confiteor tibi, Patri, quia abscondisti hec a sapientibus et
prudentibus et reuelasti ea paruulis.' Et Sapientia ait: 'Si quis
paruulus est, ueniat ad me.' Quam necessaria sit humilitas,
eleganter ostenditur in libro Regum. Cum enim congregati
essent tres reges contra regem Moab et aqua carentes, ad auxilium
10   Helisei confugientes, dixit Heliseus, 'Facite alueum torrentis
huius fossas et fossas. Hec dicit Dominus: Non uidebitis uentum
neque pluuiam et replebitur alueus iste aquis, et bibetis uos et
familie uestre et iumenta uestra.' Tamquam alueus torrentis est
receptaculum humani cordis. Sicut enim per alueum torrens
15   defluit, sic per cor humanum multipliciter cura decurrit. Faci-
ende sunt in hoc alueo fosse, nec unica tantum fossa, nec tantum fosse, sed fosse et fosse. Facere fossas est humiliare <se>
coram Deo exterius et interius. Facere iterum fossas est humiliare se proximo dupliciter. Fossas igitur et fossas in alueo facere
20   est tam Deo quam proximo interius et exterius deuote se humi-

23/4   *Accipe:* Apoc. 10:9
/6   *Clara:* Sap. 6:13-15
24/1   *Bonum:* Ps. 118:71
/2   *Quem:* Is. 28:9
/5   *Confiteor:* Mt. 11:25
/6   *Si quis:* Prov. 9:4
/8   *Cum enim:* IV Reg. 3:16-17

liare. Si ita precesserit diuersitas fossarum, sine uento et pluuia
sequitur habundantia aquarum. Uentus est disputatio contenci-
osa; tamquam gutte pluuiales sunt uerba ornata et similiter cadentia. Sine uento igitur et pluuia fosse replentur aqua, quia
25   sine ornatu aptate orationis, sine strepitu litigiose disputationis,
mentes humilium habundant scientia.

191v1   **25.**   Mansuetudo etiam est necessaria / sicut scriptum est:
'Esto mansuetus ad audiendum uerbum Domini.' Et beatus
Iacobus ait: 'In mansuetudine suscipite uerbum insitum.'
'Docebit mites uias suas.' Humilitatis et mansuetudinis pariter
5   fructum insinuans Ysaias ait: 'Pascetur in possessione tua agnus
spaciose.' Illi enim in sacra scriptura habundantia inueniunt
pascua qui prediti sunt humilitatis et mansuetudinis gratia.

26.   Uidimus qualiter addiscenda sit sacra scriptura. Docenti
quatuor admodum sunt necessaria: scientia, uita, humilitas,
mansuetudo. Scientiam esse necessariam eleganter signatum est
in Ezechiele: 'Cum enim uolumen comedisset, dictum est ei:
5   Fili hominis, uade ad domum Israel: loqueris ad eos uerba mea.'
Tunc enim recte sequitur predicatio cum precessit uoluminis
incorporatio. Hoc est uolumen uolans quod ostensum est Zacha-
rie: 'Cum igitur uolans sit, non poterit ad illud pertingere qui
non habuit alas uite et scientie.'

27.   Vitam etiam maxime necessariam esse significatum est
in Ezechiele: 'Cum enim uisa gloria Domini in faciem suam
cecidisset, postmodum in eum spiritus ingressus statuit eum

24/23-4   *similiter cadentia:* i.e. of a similar rhythm
/25   *orationis:* discourse
25/2   *Esto:* Eccli. 5:13
/3   *In mansuetudine:* Iac. 1:21
/4   *Docebit:* Ps. 24:9
/5   *Pascetur:* Is. 30:23
26/4   *Cum enim:* Ez. 3:4
/8   *Cum igitur:* cf. Zach. 5:1-2
27/2   *Cum enim:* cf. Ez. 2:1-3

supra pedes suos et dixit ei: Fili hominis, mittam te ad filios
5   Israel.' Qui enim gloriam Domini uidit, id est archana sacre
scripture considerauit, et uisa gloria in faciem suam cadit, id est
consideratis Dei mirabilibus humilitatis se iugo subdit, supra
pedes suos statuit <se>, id est ad bene operandum erigitur, ut
tandem ad filios Israel mittatur, id est ad uerbum Domini pre-
10   dicandum ydoneus habeatur. Hinc etiam sponsus loquens ad
sponsam ait: 'Ostende mihi faciem tuam, sonet uox tua in
auribus meis. Uox tua dulcis et facies tua decora.' Faciem mentis depingit qualitas conuersationis. Bene igitur primo iubetur
facies ostendi ut deinde uox melius possit audiri, quia facies
15   decora, uox dulcis, quia accepta est predicatio quam honesta
commendat conuersatio, quia teste beato Gregorio: 'Sermo
dulcedinem non habet quam uita remordet.' Hinc etiam de
labiis sponse dicitur: 'Sicut uitta coccinea labia tua et eloquium
tuum dulce.' Cum doctores carnis maceratione sunt attenuati
20   et ardore caritatis sunt coccinei, capiti capillos astringunt, hoc
est fideles Christo coniungunt nec dissolutos fluitare permittunt.
Eloquium est dulce quia coccinea sunt labia. Hinc etiam sponsa
ait in Canticis: 'Surrexi ut aperirem dilecto meo, manus mee
distillauerunt myrram, digiti mei pleni sunt myrra probatissima.'
25   In illis dilecto suo aperit per quos uerbum predicationis ad
alios transmittit. Bene autem, postquam surrexit aperire, dicit
manus suas distillare myrram, quia decens est ut per mortifica-
tionem carnis exemplum amaritudinis habeant in corpore qui
uerbum predicationis habent in ore.

28.   Quod autem meritum uite necessarium sit docentibus
pene singule sacre scripture testantur sillabe. Sufficiat tamen
ad presens testimonium Ieremie: Legitur cum emisset agrum
Ieremias ab Anatoth patruele suo, accepit in testimonium librum

27/11   *Ostende:* Cant. 2:14
/16   *Gregorio:* cf. *Super Cant. cant.* 2.14 (PL LXXIX, 500)
/18   *Sicut:* Cant. 4:3
/23   *Surrexi:* Cant. 5:5
28/3   *Legitur:* cf. Ier. 32:6-14
/4   *ab Anatoth patruele suo:* The sentence requires this construction,

5   signatum et librum apertum qui repositi sunt in uase fictili. E
contrario autem appendit .vii. stateres et .x. argenteos. Agrum
emere est eterne hereditatis possessionem comparare. Bene
autem eterna possessio per agrum Anatoth intelligitur. Anatoth
191v2   interpretatur obedientia; fructus autem obedi/entie est acquisitio
10   hereditatis eterne. Hec possessio duobus libris comparatur aperto
et clauso, id est ueteri <testamento> et nouo. Vterque autem
liber in uase fictili reponitur quia utriusque testamenti intellectus
in ruditate littere et simplicitate reconditur. Hos libros accepit
qui sacre scripture intelligentiam percipit. Set libros hos accipiens
15   argentum debet appendere, quia intellectum a Domino percipiens
bona opera debet equo inpendere. Qualiter autem appendi
debeat argentum, docet uir sapiens cum ait: 'Argentum et aurum
tuum confla et facito uerbis tuis stateram.' Argentum et aurum
conflare est doctrine operationem coniungere. Ille autem uerbis
20   suis stateram facit, qui sue predicationi pondus bene uiuendi
adiecit. Unde idem Salomon: 'Labia inprudentium stulta narra-
bunt, uerba autem prudentium statera ponderabuntur.'

29.   Necessaria iterum est humilitas proponentibus uerbum
Domini. Quod bene significatum est in Ieremia: cum enim dixisset:
'A a a, Domine Deus, nescio loqui, quia puer ego sum,' consequenter missa est ad eum manus Domini et tetigit os eius et
5   dictum est ei: 'Ecce dedi uerba mea in ore tuo.' Idem significauit
Ysaias: cum premisisset: 'Contaminabis laminas sculptilium
argenti tui et uestimentum conflatilis auri tui et disperges ea
tanquam inmundiciam menstruate,' postmodum subiungitur:
'Dabitur pluuia semini tuo ubicumque seminaueris in terra, et
10   panis frugum terre erit uberrimus.' Per laminas sculptilium

although either Langton or the scribe got the place and the
uncle confused.
28/17   *Argentum:* Eccli. 28:29
/21   *Labia:* Eccli. 21:28
29/3   *A a a, Domine:* Ier. 1:6, 9
/6   *Contaminabis:* Is. 30:22
/6-7   *laminas ... argenti:* silver-covered graven images
/9   *Dabitur:* Is. 30:23

argenti, ornata et polita intelligitur eloquentia. Per uestimentum
auri conflatilis, humane sapientie fulgor designatur. Si ergo hoc
contaminaueris et ut inmunda abieceris, et nec de eloquentia
nec de sapientia tua presumpseris, ubicumque seminaueris
15   semini tuo dabitur pluuia, quia predicationem tuam et doctrinam
celestis diriget gratia, et panis tuus erit uberrimus, quia sermo
tuus ad docendum erit efficatissimus.

30. Mansuetudo iterum necessaria est. Unde beatus Iacobus
ait: 'Quis sapiens et disciplinatus inter uos? Ostendat ex bona
conuersatione operam suam in mansuetudine sapientie.' In
cuius uerbi expositione dicitur: Quis ex uobis est adeo sapiens
5   cognitione et disciplinatus exercitio uite ut audeat magisterium
sibi assumere? Prius discat bene operari quam alios docere, ut
bene conuersando exemplum possit aliis esse, et hoc in mansuetudine ne propter suam sapientiam et operationem bonam alios
despiciat. Hinc etiam beatus Petrus ait: 'Parati estote ad satis-
10   factionem omni poscenti uos rationem de hac, que uobis est,
fide et spe; sed tamen cum modestia et timore conscientiam
habentes bonam.' In his uerbis forma doctoribus prescribitur.
Quatuor enim doctoribus sunt necessaria: sollicitudo doctrine,
puritas conscientie, timor humilitatis, modestia mansuetudinis.
15   Quid ad hoc dicturus sim, qui nec uite nec scientie eminentiam
habeo, et tamen cathedram magistralem ascendo? Sed superne
bonitatis inexhaustam pietatem pocius quam humanam presumptionem attendens, in mei redemptoris obsequium linguam
meam et mentem conuerto, et eius gratie me et meum proposi-
20   tum committo.

30/2   *Quis sapiens:* Iac. 3:13
/9   *Parati:* I Petr. 3:15-16

SERMON II

Troyes MS. 862
folios 85r-89r

London: 25 August 1213

autem partes in sermone proposito sunt distincte quas Spiritus
Sanctus per os Dauid proposuit et distinxit. Prima particula est
5   'In Deo sperauit cor meum.' Optimum principium quod a spe
incipit: De ipsa ergo loquamur. Set quia due sunt species uel
spes duplex, una bona, altera mala, una mundi, altera Dei, de
spe mundi primo dicamus, ipsam in medio proponentes. Spes
mundana fallax est et deceptrix, que quia talis est, ideo sic eam
85v2   describit Ecclesiasticus dicens: 'Ingrati spes tanquam / glacies
hyemalis, que cito tabescit, et quasi aqua superuacua.' Ingratus
est qui Deo de bonis prestitis non agit gratias, qui plus de mundo confidit quam de Deo. Ideo ingrati spes glaciei hyemali
comparatur. Melius autem uideretur dixisse, si inter glaciem
15   Aprilis et spem ingrati fieret comparatio, quia cum fragilis sit
glacies Aprilis et fragilis appareat, et glacies hyemalis fortis
uideatur et non sit set fortis putetur esse, melius glaciei Aprilis
uideretur spem ingrati quam glaciei hyemali comparasse, quia
una fragilis uidetur esse et est, altera fortis uidetur esse et non
20   est. Set hec est ratio quare potius glaciei hyemali quam glaciei
Aprilis spem mundi comparauit, quia spes mundi uidetur esse
fortissima et iccirco in illa confidunt quam plurimi, quos decipit
et absorbet, alliciens eos fortitudine sua sed fragilitate occulta
decipiens. Dicit ergo quod spes ingrati est quasi glacies hyemalis
25   quia spes mundi fortitudine sua, que fallax est, ad se trahit
innumeros, et ita fere fallit singulos que cito tabescit quia
tabescens est in se et alios tabescere facit.

3.   Comparatur eadem aque superuacue. Scitis quod aqua
fluuii leuiter currit et leniter, et ideo cursus non deficit sic
currentis. Aqua autem inundans et superhabundans impetu
proprio se ipsam consumit et confundit, quia fluctus a fluctu
5   tunditur, et sic per se minoratur, immo adnichilatur. Recte
ergo aque superuacue spes ingrati comparatur, quia spes mundi
sperans sublimia per se in nichilum redigitur et in se confidentes
ad nichilum redigit. Spes ista que sit in libro Sapientie uerbis
86r1   aliis demonstratur ubi dicitur: / 'Spes impii tanquam spuma

2/10   *Ingrati:* cf. Sap. 11:29.   3/9   *Spes:* cf. Sap. 5:15

1.   Sermo magistri Stephani archiepiscopi Cantuariensis ad populum. 'In Deo sperauit cor meum, et adiutus sum, et refloruit caro mea; et ex uoluntate mea confitebor illi.' Audiuimus, fratres karissimi, et bene scimus quod optimis plena est ciuitas ista doctoribus, qui uobis sepe uerba uite disseminant, et doctrina erudiunt salutari. Vos autem eorum doctrina tanquam delicatis cibis enutriti, sermonem nostrum tanquam insipidum timemus uobis proponere, post tantorum uirorum dulcedinem qui nobis uita et scientia meliores existunt. Sepe tamen solet contingere ut qui multas et diu sumpserunt delicias, cibos postmodum appetant grossiores, et qui uini refecti sunt deliciosa dulcedine, aquam affectant insipidam degustare. Et quia ex Deo est sermo predicantis, qualiscumque sit ille qui / predicat, credimus quod uerbum nostrum auribus et cordibus uestris placebit. Set cum in omni opere debeat oratio precedere ut opus inceptum ad effectum ducatur, orare debetis ut Dominus noster sermonem nostrum, qui suus est, ad uestrarum salutem dirigat animarum. Orate itaque. Set quomodo? Ut Apostolus Colosensibus scribens ait: 'Orationi instate, orantes pro nobis, ut Deus aperiat nobis ostium sermonis ad loquendum misterium Christi.' Hoc ostium ad nos pertinet et ad uos. Ostium nostrum est os nostrum, de quo egredi debet sermo Domini; ostium uestrum autem quo ingredi debet sunt aures uestre. Aures uestre similes debent esse cribro quod farine medullam pertransire sinit et farinam grossam reicit et excludit. Uerba uite que uos instruant et informent recipere debetis ut per aures uestras ad cor uestrum pertranseant, illa uero que peccata suggerunt tanquam farinam grossam respuere et omnino uitare.

2.   'In Deo sperauit cor meum, etc.' Verbum istud legitur in persona capitis sed potest legi in persona membrorum. Quatuor

1/1-2   Langton landed in England from exile on 9 July 1213. On 20 July he absolved King John from excommunication at Winchester. When he preached this sermon, however, the interdict was still in force, as it was until 2 July 1214 (see **18/4**).

/2   *In Deo:* Ps. 27:7

/19   *Orationi:* Col. 4:2-3

autem partes in sermone proposito sunt distincte quas Spiritus
Sanctus per os Dauid proposuit et distinxit. Prima particula est
5   'In Deo sperauit cor meum.' Optimum principium quod a spe
incipit: De ipsa ergo loquamur. Set quia due sunt species uel
spes duplex, una bona, altera mala, una mundi, altera Dei, de
spe mundi primo dicamus, ipsam in medio proponentes. Spes
mundana fallax est et deceptrix, que quia talis est, ideo sic eam
85v2   describit Ecclesiasticus dicens: 'Ingrati spes tanquam / glacies
hyemalis, que cito tabescit, et quasi aqua superuacua.' Ingratus
est qui Deo de bonis prestitis non agit gratias, qui plus de mundo confidit quam de Deo. Ideo ingrati spes glaciei hyemali
comparatur. Melius autem uideretur dixisse, si inter glaciem
15   Aprilis et spem ingrati fieret comparatio, quia cum fragilis sit
glacies Aprilis et fragilis appareat, et glacies hyemalis fortis
uideatur et non sit set fortis putetur esse, melius glaciei Aprilis
uideretur spem ingrati quam glaciei hyemali comparasse, quia
una fragilis uidetur esse et est, altera fortis uidetur esse et non
20   est. Set hec est ratio quare potius glaciei hyemali quam glaciei
Aprilis spem mundi comparauit, quia spes mundi uidetur esse
fortissima et iccirco in illa confidunt quam plurimi, quos decipit
et absorbet, alliciens eos fortitudine sua sed fragilitate occulta
decipiens. Dicit ergo quod spes ingrati est quasi glacies hyemalis
25   quia spes mundi fortitudine sua, que fallax est, ad se trahit
innumeros, et ita fere fallit singulos que cito tabescit quia
tabescens est in se et alios tabescere facit.

3.   Comparatur eadem aque superuacue. Scitis quod aqua
fluuii leuiter currit et leniter, et ideo cursus non deficit sic
currentis. Aqua autem inundans et superhabundans impetu
proprio se ipsam consumit et confundit, quia fluctus a fluctu
5   tunditur, et sic per se minoratur, immo adnichilatur. Recte
ergo aque superuacue spes ingrati comparatur, quia spes mundi
sperans sublimia per se in nichilum redigitur et in se confidentes
ad nichilum redigit. Spes ista que sit in libro Sapientie uerbis
86r1   aliis demonstratur ubi dicitur: / 'Spes impii tanquam spuma

2/10   *Ingrati:* cf. Sap. 11:29.   3/9   *Spes:* cf. Sap. 5:15

SERMON II

Troyes MS. 862
folios 85r-89r

London: 25 August 1213

10   aque a procella deicitur et quasi fumus qui a uento dispergitur,
et tanquam memoria hospitis unius noctis qui pertransit.' Tria
hic proponuntur, scilicet spuma, fumus, et memoria hospitis.

4.   Spes que primo dicebatur ingrati, dicitur hic spes impii.
Scitis quod spuma natans de facili dispergitur. Sic spes impii de
facili dissoluitur motibus fortune uariis et malicia temporis.
Spuma uero non fit de fluctu nisi cum aqua labitur in profun-
5   dum, et spes impii terrena sapiens spuma efficitur dum infimis
intendit et terrenis tanquam spuma cadens in profunda.

5.   Spes ista fumo comparatur, quia fumus oculos excecat
hominis, ne uideat quid illi expediat. Multi hoc fumo excecantur.
Unde dominus rex eodem fumo cecus effectus, aliquantulum
iam, Deo uolente, uisum oculorum recipit, qua ligabatur senten-
5   tia absolutus et ecclesie se satisfacturum promittens. Fumus
etiam quanto magis ascendit tanto citius dissoluitur. Sic spes in
mundum confidentis quanto magis eleuatur tanto citius dissipatur.
Fumus multorum iam ascendit quia spes eorum peruenit ad
altiora, et ideo timere debet unusquisque ne fumus suus cito
10   dissoluatur. Reducere debent reges et principes ad memoriam
et dicere intra se: 'Fumus noster in altum ascendit quia per spem
mundanam prorsus eleuamur: fieri non potest quod duret diu-
tius.' Hec cogitet unusquisque, et actus prauos corrigat et emen-
det ne fumus ascendens eos amplius non excecet, et de casu suo
15   sibi prospiciant.

6.   Comparatur iterum spes impii memorie hospitis unius
86r2   noctis / qui pertransit. Scitis quod apud quos homines hospi-
tantur breuis est memoria hospitis unius noctis. Et quid si dixisset
scriptura 'tanquam memoria hospitis unius diei'? Certe utriusque
5   memoria transit de facili, tamen per hoc quod ait 'unius noctis'
uoluit exprimere quod malorum memoria, qui per noctem designantur, citius cadens euanescit. Noctem enim malos, bonos

5/5   *absolutus:* King John was absolved by Langton in July 1213.
This sermon was preached at St. Paul's, London, in August.

autem diem uocat sacra scriptura. Nostis quod hospitans cum
hospite computat in recessu. Hospitans est mundus, hospes est
10   homo. Certe districtius computat mundus cum homine cum
discedit quam hospes cum homine cum recedit, quia hospitans
de proprietate hospitis nichil retinere presumit, set mundus
homini recedenti cum moritur nil relinquit nisi tantum trium
denariorum sudarium, et per hoc ostendit ea que retinet hospitis
15   non fuisse set hospitantis, quia si sua fuissent eadem secum
asportaret. Istud melius docebimus per exemplum. Sint hic duo
homines colloquentes; assit canis ueniens cum altero eorum.
Dum loquuntur utrumque respicit indifferenter, non plus uni
intendit quam alteri, set cum recedit ductor ipsius, ducem
20   sequitur cum quo uenit. A simili cum quis moritur in hoc
seculo parum sibi retinens, mundo relinquit uniuersa, et per
hoc ostenditur ea mundi fuisse quia ad mundum redeunt, et
cum mundo remanent cuius fuerunt et cum quo uenerunt. Recte
ergo impii spes comparatur memorie hospitis unius noctis qui
25   pertransit, quia de facili labitur de corde hospitantis. Sic homo
86v1   cum moritur, cito / mundus eundem obliuiscitur, quia quantum-
libet homo uiuat, 'mille anni ante oculos tuos tanquam dies
hesterna que preteriit, et tanquam memoria hospitis unius
noctis qui pertransit.' Talis est spes impii, talis et ingrati.

7.   Scitis quod homines breuis stature cum altum cupiunt
ascendere uel aliquid altius intendunt apprehendere, scabellum
supponunt pedibus suis, ut facilius altiora contingant. Nos
autem spem talem, spem mundi, et ipsum mundum, pedibus
5   nostris debemus supponere et terrena conculcare, ut illa pedum
nostrorum sint scabellum et sic contingere possimus ad gaudia
paradisi. Diuitie nostre nos conculcant, sed religiosi ipsas calcant

6/16   *exemplum:* Exempla (anecdotes, illustrations, or stories
drawn from a variety of sources) were used by preachers to
'hammer home' a particular theological or moral message.
On the development of the exemplum and its use by Langton,
see Roberts, *SL* pp. 79-89.
/27   *mille anni:* Ps. 89:4
/28   *et tanquam:* cf. Sap. 5:15

diuitias, mundum habentes pro scabello. Qui diuitiis se supponunt similes sunt illis qui uulgaliter *guaegnepain* nuncupantur,
10   qui ob paruum precium tantam sarcinam suis imponunt humeris
quod per pondus deprimuntur. Hii sunt illi qui secularibus ser-
uiunt diuitiis, suppositi ipsis, cum potius eis superponi deberent.
Quod uituperat ethnicus dicens: 'Et mihi res, non me rebus
subiungere conor.' Sarcinas innumeras peccatorum gerunt Angli-
15   cani, sed duabus proprie specialiter deprimuntur quibus descen-
dunt ad infima: hee sunt ingluuies et ebrietas. Hec duo uicia
maxime regnant in Anglia, et est Anglorum proprietas bibere
ad *uerseil.*

8.   Contra tales dicit Ysaias: 'Ve qui potentes estis ad
bibendum uinum et potandum usque ad uesperam, ut uino
estuetis! Cythara et lyra et tympanum in conuiuiis uestris, et
opus Domini non respicitis nec opera manuum eius consideratis.'
86v2   Vereor quod de uobis dici possit quod / sitis potentes ad bibendum uinum et cetera. Opus Domini sunt pauperes, quibus quod
habetis tenemini erogare: istos non respicitis, nec opera manuum
suarum consideratis, quomodo manus suas pro nobis habuit
cruci confixas. Potatores enim inter pocula plagas Domini non
10   reducunt ad memoriam nec passionis Christi faciunt mentionem.

9.   Hec duo, gula et ebrietas, in nobis Anglicis principantur;
set ut illa recedant de cetero exemplum proponemus ipsa fugi-
endi. Audistis quod quedam infirmitates iure hereditario trans-
funduntur in posteros et a patribus in filios deriuantur, ut est
5   pedum egritudo. Si autem pater alicuius tali morbo laboraret et

7/9   uulgaliter = uulgariter, commonly
guaegnepain: probably based on the Old French *gaaigneor,* a
'labourer,' or 'one who toils for his bread.' 'Porter' would suit
the sense here. Note in modern French *gagnepain,* 'livelihood.'
/13   et mihi: Horace, *Epistles* 1.1.19
/18   uerseil: 'Wassail,' drinking salutation from the Old English
wes hál, lit. 'be in good health.'
8/1   Ve qui: Is. 5:11-12
9/5   pedum egritudo: perhaps a reference to gout. 'To suffer from

eodem cogente moreretur, nonne filius eius morbum illum
formidaret et modis omnibus precaueret ne in hereditariam
caderet egritudinem? Fallor si non sibi precaueret. Pater noster,
scilicet Adam, per gulam eiectus est de paradiso, set morbum
10   quo pater cecidit filii non formidant. Cur morbum patris quo
mortuus est non cauemus? Quare per ingluuiem nitimur cadere
per quam patrem nostrum scimus cecidisse? Similes nos facimus
traditoribus. In regnis aliis et regionibus traditores dominis suis
per colla se tradunt. Sic et nos Anglici domino nostro per gulas
15   nostras nos tradimus ad similitudinem traditorum qui laqueos
collis suis circumducunt, et ita domini sui se subicientes iuditio,
dignos se iudicant supplicio traditorum. Ebrietas est uinculum
quo ligamur, ingluuies est uicium pro quo pro proditoribus
reputamur. Debemus ergo ebrietatem refrenare per abstinentiam,
20   ingluuiem per ieiunium, et sic istis mediantibus diuitias munda-
nas habere pro scabello.

87r1   **10.**   Qualiter uero diuites scabellum faci/ant de diuitiis
docet Paulus scribens ad Timotheum in fine: 'Diuitibus precipe
non sublime sapere neque sperare in incerto diuitiarum, facile
tribuere, communicare, thesaurizare fundamentum per quod
5   ascendant ad ueram uitam.' Nota quod dixit, 'precipe.' Singula
enim notanda sunt. Primo dicit, 'precipe,' quia precipere possumus, non cogere. 'Precipe,' inquit, 'non sublime sapere,' hoc
est non superbire pro possessionibus uel diuitiis, aut pompa
seculari. Et quare? Quia diuites superbientes similes sunt pueris
10   qui sufflant in uesicam et in ea lapillum uel fabam imponunt,
uesicam rotant et sonum faciunt. Vesica est pompa secularis
que cum fastu graditur et incedit pompose et tumultuose se
gerit. Si uero uesicam uento inflatam pungat acus minima,
uentus egreditur et sonus moritur cum tumultu. Sic cum ad
15   pomposum ingreditur egritudo, et suo eum pungit acumine, ut
est febris acuta, anima sine mora egreditur et pompa recedit.

gout' may be rendered *ex pedibus laborare*. The disease was
also known as *podagra* or *gutta*.
10/2   *Diuitibus:* I Tim. 6:17-19 (omitting some of the words)

Set quare <febrem> acutam assimilaui puncto acus aut puncti-
oni? Quia maior infirmitas que contingit minor est in respectu
tormentorum gehenne uel penarum quas patientur pomposi.
20   Tormenta enim exquisita et excogitata in hoc seculo quantum
ad gehenne cruciatus minima reputantur, sicut minor gutta
maris minus habet amaritudinis quam generalis maris magnitudo
que mundum circumfluit uniuersum.

11.   Audistis quod dicitur in prouerbio cum emptori displi-
cet res emenda: emptor dicit uenditori: 'Vos uenditis mihi
uesicam pro lanterna.' Iste mercator uel uenditor est mundus, /
87r2   qui intendit uendere uesicam pro lanterna, id est superbiam
5   mundanam pro gloria paradisi, que lanterne uel lucerne comparatur quia lumen habet indeficiens. De hiis qui prosperitatem
mundanam querunt et superbiam ait Iob: 'Super eum lucerna
eius extinguetur,' per lucernam prosperitatem significans.

12.   Sequitur: 'Neque sperare in incerto diuitiarum.' In-
certum est quicquid est transitorium; certum est quicquid est
eternum. Per hoc quod precipit non sperare in incerto diuiciarum
suadet sperare in eius contrario, scilicet certo. Precipit ergo et
5   nos precipimus non sperare in incerto diuiciarum, quod est
falsitas, sed sperare in certo diuitiarum, id est in certis diuitiis
et eternis, que sunt ueritas.

13.   Sequitur: 'Facile tribuere' quia de facili pauperibus
tribuendum est. 'Precipe communicare,' id est sua communia
facere et non propria reputare, hoc enim communicare. Hinc
ait sapiens filium suum instruens et informans: 'Si multum
5   habes, de facili tribue; si parum, libenter impartiri stude.' Tria
uerba proposuit: libenter, impartiri, stude. 'Libenter,' dicit ut
uoluntarie tribuas et ex mera liberalitate; 'impartiri' ut non uni
sed pluribus et in plures partes diuidatur; 'stude' ut ex studio
fiat et discrete.

11/7   *Super eum:* Iob 18:6
12/1   *Neque sperare:* see note on **10/2** above.

14. Sequitur: 'Precipe thesaurizare fundamentum, etc.'
Scitis, qui in hac ciuitate edificatis, qualiter debeat poni domus
fundamentum. Fundamentum fieri debet non tantum ex mini-
mis, set ex magnis lapidibus et impolitis. Fundamentum domus,
5   id est uita eterna, fieri debet de collata nobis substantia et hoc
est ex lapidibus. Lapides isti sunt bona que pauperibus eroga-
mus, qui magni esse debent quia parum meretur qui de magna
87v1   facultate / parum largitur. Non enim sufficit de centum marchis
dare pauperi pittauinam aut unum sterlingonem. Lapides isti
10   debent esse impoliti et sicut cadunt de quarrario, quia ob laudem humanam uel fauorem non debet Christianus suam sub-
stantiam erogare. Non tamen dico quod uicino tuo non des
exemplum tribuendi, set non ob hominum facias fauorem aut
laudem, nec gloriam inde speres humanam, quia hec est spes
15   impii de qua dicitur quod spes impii est tanquam spuma que a
procella deicitur. Hec spes a uobis discedat, et ab ecclesia Anglicana, quam quia a uobis optamus discedere amplius de ea loqui
nec uolumus nec debemus.

15.   Sed de spe dissimili tanquam meliori iam loqui uolumus de qua dicitur: 'In Deo sperauit cor meum, etc.' Hec est
spes hominis iusti sperantis in Deum et supernis inhiantis. Hanc
spem boni amplectuntur et ea nituntur ad celestia. De hac spe
5   dicit Ysaias: 'Sancti qui sperant in Domino mutabunt fortitudinem.' Uerbum sane intelligendum est, scilicet, 'mutabunt fortitudinem,' quia qui prius Deo non seruierunt, postmodum Deo
seruire proponunt. Et uos similiter mutare debetis fortitudinem.
Si fortes fuistis ad ingluuiem, mutate fortitudinem ut fortes
10   sitis ad ieiunium; si fortes fuistis ad ebrietatem sectandam, fortes

---

14/9   *pittauinam:* The *pittavina* or *pictavina* is the denier or penny
of Poitou (Du Cange VI, 313).
sterlingonem: Although *sterlingo* does not appear in a medieval
Latin word-list, it may well be a form of *sterlingus* or *esterlingus.*
Du Cange (III, 319) quotes the following text from the Statutes
of Edward I: 'Denarius Angliae, qui vocatur Sterlingus.'
/10   *quarrario:* quarry (not classical)
15/5   *Sancti:* Is. 40:31

sitis ad sobrietatem imitandam; si fortes fuistis ad luxuriam,
fortes sitis ad continentiam. Dico enim quod omnis coitus, preter
coitum coniugalem, mortalis est et trahit ad infernum. Nolo
87v2   uobis uerbum / masticare, set crude dicere. Si sic mutatis fortitu-
15   dinem, certe in Domino speratis et 'in Domino sperauit cor
meum.'

16.   Existens Parisius sepe proposui quoddam uerbum
Apostoli uobis proponere. Dicit enim ad Philippenses in fine:
'Modestia uestra nota sit omnibus hominibus.' Immoderantia
gule et ebrietas Anglicana nota est hominibus omnibus; sed
5   sicut iam nota est omnibus uestra immoderantia, uellem quod
nota esset eis uestra modestia, ut immoderantia uestra et non
modus in modum transiret et moderantiam, et sic mutetis fortitudinem. Si cuiquam uestrum obiceretur an aliquo modo fieret
inimicus crucis Christi, quod nullo modo fieret responderet.
10   Discite ergo quomodo Apostolus dicit ebrietati subditos et gule
crucis Christi esse inimicos. Ait enim ad Philippenses: 'Dico
inimicos crucis Christi quorum deus uenter est.' Ergo gulosi
facti sunt crucis Christi inimici, quia castrum quod hostis erexit
instaurant, scilicet ingluuiem, et castrum fortiter presumunt
15   impugnare quod Christus erexit, scilicet abstinentiam.

17.   Sequitur: 'Et adiutus sum.' Hoc ait cuius cor in Domino
sperauit. Ecce qualiter spem sequitur adiutorium; Deus enim
adiutor est sperantium in se. Speretis ergo in eum et ipsum habe-
bitis adiutorem. Deus adiutor est set non secundum hominis

16/1   *Parisius:* Langton's connections with Paris went back to his
       years as a student and master of theology (ca. 1170-1206).
       He left the schools in 1206 when he was named Cardinal-priest
       of St. Chrysogonus and then archbishop of Canterbury. From
       1207 (the year of his consecration as archbishop) to 1213 he
       was an exile in France, and it may well have been during this
       stay in Paris that he 'thought often of preaching moderation
       to the English.'
/3   *Modestia:* Philip. 4:5
/11   *Dico:* Philip. 3:18-19 (omitting some of the words)

5   uoluntatem. Ideo determinat Dauid qualiter sit adiutor. 'Adiutor,' inquit, 'in oportunitatibus, in tribulatione.' Cum quis
infirmatur uel cadit in miseriam, dicit: 'Domine Deus, adiuua
me,' set non statim exaudit sic penitentem, quia forsan egritudo
uel miseria ei ad salutem anime proficiet: et ideo dicitur,

10   'Adiutor in oportunitatibus.' De hoc adiutore ait Elyud in Iob:

88r1   'Adiutor / secundum tempus oportunum,' et consonat uerbo
proposito quod ait Dauid: 'Adiutor in oportunitatibus.' Iste
est adiutor et amicus oportunus. Tres enim sunt amici, quorum
duo falsi sunt et fallaces, tercius uerax et fidelis. Duo fallunt

15   amicum suum fraudulenter, set tercius, scilicet fidelis, nec
amicum uult decipere nec ab eius amicicia separari. Primus est
amicus mense, scilicet uenter quem in mensa soci   m habemus
nec deficit in conuiuio. Secundus amicus est mundus fallax et
infidelis qui a te non recedit cum accedit prosperitas, set cum

20   prosperitas euanescit fugit et deserit in se confidentem. Tercius
amicus fidelis est et adiutor in oportunitatibus, Deus scilicet
qui sperantem in se in nullo deserit articulo. Scitis quod cum
inter duos uicinos fit discordia, ad concordiam reformandam
amici eorum conuocantur, set fallaces amicum suum deserunt.

25   Fidelis uero cuius est nota fidelitas nunquam recedit ab amico,
immo eidem assistit adiutor oportunus. Cum uenter et mundus
nos relinquunt, Deus nobis semper astat. Iste est amicus de quo
dicit illud gallicum prouerbium quod 'melius ualet amicus in
uia quam nummus in corrigia.' Iste est amicus fidelis de quo

17/5-6   *Adiutor:* Ps. 9:10

  /7   *Domine:* Ps. 108:26

  /10   *Elyud:* i.e. Elihu who appears in Job ch. 32-7 following Job's
lengthy dialogue with the three friends Eliphaz, Bildad, and
Zophar, who had come ostensibly to console him. In 32:11-
14, Elihu admonishes the friends for their failure to find
answers for Job's trials. In short, Elihu tries to be the 'timely
helper' referred to here.

  /28   *melius:* Note these French versions of the proverb: 'Mieuz
vault amis en voie que deniers en corroie' (late 13th-century)
and 'Muez vaut amis an place que argent an borse' (14th-
century). See J. Morawski, ed. *Proverbes français, antérieurs
au XVe siècle* (Paris 1925) p. 45.

30   dicit Ecclesiasticus quod 'fideli amico nulla est comparatio.'
Ideo dicit Dauid: 'Adiutor in oportunitatibus, in tribulatione.'

18.   Obicit mihi aliquis forsitan dicens: 'Domine archiepi-
scope, et uos episcopi, uos speratis in Deo et adiuti estis; nos
sperauimus in Deo nec sumus adiuti. Quare in Angliam uenistis
et silet ecclesia; quare accessistis et ostia non aperuistis ecclesie?
5   Maledicitis nobis et de nobis malum dicitis.' Respondeo quod
taliter agentes peccatis mortaliter. Uos enim cum sitis laici,
88r2   uestros prelatos / tales esse debetis credere ut omnia discrete
agant et cum consilio. Dominus papa Christianitatis dominus
est et eidem oportet obedire. Quod autem indiscrete loquimini,
10   melius uidebitis per exemplum. Si mater alicuius graui febre
laboraret et per medicos febris accessus recederet, sustineret
filius ut carnem bouis grossam aut aucam crassam statim come-
deret? Sustineretne ut in choreis saltare iret? Non credo quod
sustineret.

19.   Ecclesia sancta mater nostra est. Ipsa diu et iam per
.vi. annos graui, immo grauissima, febre laborauit, quia eam
fortitudo malorum depressit. Iam aliquantulum ab accessu febris
liberata respirauit: uultis ut recidiuet? Non est ei utile ut statim
5   post accessus sui liberationem saltet et choros circumducat.
Delicate ad pristinam et tanquam quibusdam gradibus reducenda
est sanitatem ut integra sit fortitudo. Integra non erit nisi ei
restauretur quod per malos est ablatum. Tot mala sunt ei illata
et tot bona ablata, quod de facili non potest saltare uel cantare

17/30   *fideli:* Eccli. 6:15
18/4   *ostia non aperuistis:* the interdict was not lifted until 2 July
1214, a year after Langton and the bishops returned from
exile. C.R. Cheney, *Pope Innocent III and England* (Stuttgart
1976) pp. 343-4.
/8   *Dominus papa:* Pope Innocent III
/12   *aucam:* goose
19/2   *.vi. annos:* Langton refers here to John's suppression of the
liberties of the Church. (See **19/13-15:** 'Iam in parte respirauit
quia dominus rex ... faciet restitui ...')

10   pre dolore quem contraxit ex ablatione tum bonorum suorum
tum libertatum. Raptores eam bonis suis spoliauerunt; nisi
ablata restituantur et sic resurgat, ad eam iterum impugnandam
promptior inimicus reddetur si gaudeat de rapina. Iam in parte
respirauit quia dominus rex, bono consilio usus, matri nostre
15   iuste faciet restitui quod iniuste ablatum fuit eidem et extortum.
Et tunc cantabit mater nostra cum plene fuerit liberata.

20.   Sciatis autem uniuersi quod si totus mundus in auream
massam uel in smaragdum conuerteretur aut rubeum et mihi
88v1   offerretur ut interdicti sententia solueretur, / uidere non possum
articulum qualiter possit ad honorem ecclesie relaxari, nisi
5   prius omnibus restitutis que sibi dolet fuisse ablata. Nec aliquis
nostrum Curiam Romanam adiit cum illud impetraretur capitu-
lum, ut non relaxaretur interdictum donec restituerentur ablata;
immo dominus rex illud postulauit et per nuntios suos impetra-
uit. Ideo non possumus nec debemus ipsum interdictum aliter
10   relaxare, nec uos super hoc nos uituperare debetis uel nobis
detrahere, immo pro nobis orare et nos diligere, cum potius ad
honorem matris uestre illud faciamus quam ob aliquam cupidi-
tatem. Nolumus enim ut iterum malorum insultus inuadat ecclesiam, si peccatum eorum maneat impunitum.

21.   Scitis quod ecclesia non potest per se salua consistere
nisi habeat defensorem. Iccirco reges et principes constituit
ecclesia tanquam sua brachia. Brachiis se defendit cum eam

19/15   *restitui:* Langton insisted that full restitution be made to the
Church. Some authors, in fact, attribute the prolongation of
the interdict to Langton's inflexibility on this point. Once
King John and the pope had come to terms with respect to
the surrender of England to the papacy, it was Langton who
stood in the way of the restoration of normal relations between
England and Rome. See H.G. Richardson and G.O. Sayles, *The
Governance of Mediaeval England from the Conquest to
Magna Carta* (Edinburgh 1963) pp. 352-4; Cheney, pp. 343-56.

21/2   *reges:* Langton's view of kings was traditional 'political Augus-
tinianism,' that is, one is not a good king unless he is a servant
and minister of the Church. Note the organic metaphor which

infestat impetus inimici. Brachium ecclesie Anglicane, quod est
5   dominus rex, infirmum fuit et confractum, dum per malorum
consilium illam inpugnauit quam defendere tenebatur. Iam in
parte sanum effectum est quia iam absolutus cepit ecclesiam ad-
iuuare. Cum alicuius brachium confractum est et accedit aliqua
spes sanitatis, non statim huc illuc torqueri potest uel curuari.
10   Prius enim ligaturas amouere oportet et unguentis fouere ut
sic, pristina sanitate recepta, suum uigorem recipiat et uirtutem.
A simili dominus rex, qui primo ecclesie apparuit iracundus,
iam apparet mitis et mansuetus et sic paulatim suam duriciam
emolliuit, sicque brachium ecclesie aliquantulum sanitatem
15   recepit. Cum autem integre totum sanum fuerit ut ecclesie faciat
88v2 ablata restitui, tunc defendet / matrem suam et ipsa pre gaudio
filii ipsam protegentis in uocem exultationis erumpet, cantabit
et chorum ducet, ab adiutore opportuno habens auxilium in quo
sperauit cor suum.

22.   Sequitur: 'et refloruit caro mea.' Verbum pulcherri-
mum quod de flore mentionem facit. Ecce qualiter sperantes
per adiutorem oportunum iuuantur ut eorum caro refloreat.
Hoc uerbum 'refloruit' innuit quod qui marcidi erant reflorere
5   possunt. Floruit caro nostra per baptismum, sed, quia lapsi sumus, refloreat per penitentiam. Marcidi sumus, immo putridi
uiciis, sed si peniteamus possumus reflorere. Sic ergo quilibet
peniteat ut refloreat. Sed quomodo potest homo reflorere? Dicit
Apostolus ad Philippenses: 'Refloruistis pro me sentire, sicut et
10   sentiebatis.' Gratias agit suis benefactoribus. Refloreamus ergo
qui marcidi hactenus fueramus; refloreat caro nostra per humilitatem que per superbiam fuerat putrefacta. Refloreat per penitentiam que fetebat per multiformem maliciam; refloreat caro
nostra per amorem continentie que marcida fuit per fetorem
15   luxurie; refloreat unusquisque per contemptum mundi qui marci-
dus erat per contemptum Dei. Dicit aliquis: 'Quis fructus sequitur

had been elaborated in the 12th century by John of Salisbury
in the *Policratus.*
22/9   *Refloruistis:* Philip. 4:10

si caro refloreat?' Si florem cernitis in arbore, spes fructus ex
flore concipitur. Fructus autem floris eorum qui reflorent est
ille de quo Iohannes in Apocalipsi ait: 'Beati mortui qui in
20   Domino moriuntur; opera enim illorum secuntur illos.' Flos
enim bonus fructum bonum generat et producit, quia illis qui
reflorent per boni operis consummationem eterne uite datur
immortalitas.

23.   Quarta clausula restat exponenda qua dicitur: 'Et ex
uoluntate mea confitebor illi.' Pulchre dixit. Est enim triplex
89r1   confessio: confessio / latronis, confessio lecatoris, confessio
boni hominis. Confessio latronis potius est extorta quam
5   uoluntaria; tortor enim latronem afficit tot tormentis quod ui,
non uoluntate, confitetur. Confessionem ergo hominis tarde
sibi prouidentis et sero penitentis confessionem latronis appella-
mus. Diuitem enim egrotantem sua circunstat familia; assunt et
amici ut sibi prouideat rogantes et sic eum cogit quodammodo
10   confiteri importunitas amicorum. Vxor diuitis lacrimatur,
pueri plorant, et sic magis cogitat de sua coniuge uel pueris
quam de suorum circumstantiis peccatorum, potius etiam cogitat de censu quem relinquit quam de confessione facienda.
Iccirco confessionem talem confessioni latronis comparamus,
15   quia sicut latro inuitus confitetur, sic talis ui et coactione
amicorum potius confitetur quam uoluntate. Procul sit a nobis
talis confessio set illa a uobis non recedat de qua hic dicitur:
'Et ex uoluntate mea confitebor illi.' Confiteamur ergo illi ex
uoluntate quia Deo placet confessio uoluntaria.

24.   Confessio lecatoris uel ribaudi est mundanam uituperare uanitatem et nichilominus se subicit uanitati. Parisius
olim transiens per tabernam ribaudum ciphum tenentem et
uino estuantem uidi, qui, me audiente, mundum uituperans ait:

22/19   *Beati:* Apoc. 14:13
23/3   *lecatoris:* dandy, jester
24/1   *ribaudi:* whoremonger
  /3   *ciphum (scyphus):* cup, goblet

5 'O quam prauus est mundus iste!' Mundum uituperauit set
tamen mundum non reliquit. Hec fuit confessio ribaudi, qui
mente non abhoruit quod ore dampnauit. Procul sit a nobis ista
confessio per quam plures in infernum descenderunt, mundum
malum confitentes set mente eidem et operibus adherentes.

89r2   **25.** Tercia confessio longe dissimilis est et duabus / premissis contraria. De hac dicitur: 'Et ex uoluntate mea confitebor
illi.' Vir enim bonus ex uoluntate confitetur, contra latronis
confessionem, et deuitat quod uituperat contra lecatoris con-
5 fessionem: omnem diem supremum sibi constituens, semper de
se ipso cogitat morituro, et ideo horam confessionis preuenit,
sanus et incolumis integre et deuote confitens. De hac confessione
dicitur in Ecclesiastico: 'Viuens et sanus confiteberis.' Integre
confitetur per gradus peccata recolligens uniuersa, deuote confi-
10 tetur eadem exterminans per deuotionem mentis. Sic ergo,
karissimi, sperate in Domino, ut ab ipso adiuti tendatis ad
celestia, ut ex uoluntate uestra postmodum confitentes tandem
perueniatis ad gaudia paradisi. Quod nobis et uobis prestare
dignetur.

25/8   *Viuens:* Eccli. 17:27

SERMON III

Arras MS. 222 (334)
folios 13r-15r

Rome: ca. 29 December 1220

1. De sancto Thoma martyre. vi. 'Sub umbra illius quem
desideraueram sedi, fructus eius dulcis gutturi meo. Introduxit
me rex in cellam uinariam, ordinauit in me caritatem.' Horum
uerborum seriem triplíciter exponémus, ut primo congruat mar-
5   tiri cuius sollempnitas hodie agitur; secundo dominice natiuitatis
tempori; tercio etiam uestre religióni. Competit martyri ut attribuatur martyri ipsi scilicet beato Thome. Competit dominice /
13r2 natiuitatis tempori, ut attribuatur anime fideli, siue ecclesie.
Competit religioni ut attribuatur uestre congregationi. Primo
10   prout competit martiri exponamus. Dicit ergo martyr: 'Sub
umbra illius, etc.' Prelati moderni sedent sub umbra rampni. Per
rampnum mundus íntelligitur. Hij ergo sub umbra rampni sedent
qui mundi illecebris delectantur. Beatus uero martyr sub umbra
desiderátj id est imitatióne dominice passiónis requiéuit, quando
15   scilicet in pontificatus sui apice constitutus repente mutátus est
in uirum alterum; carnem suam macerauit ieiunijs, uigilijs, asperitate cilicij. Vmbra corpus imitátur, sed nichil habet soliditatis
corporéé. Eodem modo mortificatio carnis qua homo motus
illicitos refrénat, Dominicam passiónem imitari uidétur; sed
20   modicum quid est respectu ipsius passiónis, sícut umbra consideratione corporis. Bene igitur martyr egregius sub umbra desiderati sedisse se dícit, quia patientem Dominum sui corporis
afflictióne sequi non abhorruit.

1/1   In the MS this sermon is marked for public reading, and the
marks are here reproduced. Modern punctuation is primarily
concerned with marking logical pauses. Older systems such
as were in use in the middle ages indicated voice inflection
(especially in liturgical books). See on medieval punctuation
E.A. Lowe, *The Beneventan Script: A History of the South
Italian Minuscule* (Oxford 1914) pp. 231-2.
Sub umbra: Cant. 2:3-4

/9   *congregationi:* The audience was a monastic congregation
probably at Rome, on or about 29 December 1220.

/15   *pontificatus:* Becket became archbishop of Canterbury in
1162. He had been appointed chancellor to King Henry II
in 1154.

/17   *cilicij:* a hair shirt

2. Sequitur: 'fructus eius dulcis gutturi meo.' Fructus
desiderati est passio ipsius. Tunc enim dulcis fuit ei passio
Ihesu Christi: quod rei euentu ostendit, quando pro eo exilium
sui suórumque proscriptiónem, contumelias et opprobria mente
5   hylari sustínuit. Sicut autem sub umbra arboris requiescere
minus est quam de fructu comedere, ita minus fuit maceratio
carnis uoluntaria quam sui suorumque proscriptio. Ideo dícitur
prius sub umbra requiescere in mortificatione carnis proprie, et
post de fructus dulcedine gustare in sui suorumque proscriptione.

3. Sequitur: 'íntroduxit me rex in cellam uinariam.'
Cella uinaria est gloria martirum. Á torculari defertur uinum
in cellarium. Vinacium porcis relinquitur conculcandum. Vinum
13v1   est anima; vinacium est corpus. Tunc ergo / introductus est in
5   cellam uinariam, quando ab exílio rediens á torculari passionis
ferebatur anima ad gloriam eterne beatitudinis. Vinacium corpus porcis conculcandum relinquebatur quando uilissimus
satelles pede collo martyris superposito cerebrum per pauimen-
tum dispersit.

4. Sequitur: 'ordinauit in me caritatem.' Decenter fuit in
eo caritas ordináta, quando pro Deo primo carnem afflixit,
deinde exilium subijt, ad ultimum pro grege sibi commisso
martýrio coronatus est, semper gradatim ascendendo per carita-
5   tem donec per eam consummaretur. Vnde bene huic martyri
competit quod dicit Ecclesiasticus de commendatione magni
sacerdotis: 'Ecce sacerdos magnus quasi flos rosarum in diebus

2/3   *exilium:* Here Langton recalls the years Becket spent in exile
from 1164 to 1170. There are several striking parallels in the
careers of these two archbishops. Like Becket, Langton as an
exile found temporary refuge in the Cistercian monastery at
Pontigny. By the time he returned to England in 1213,
Langton may well have been convinced that he was himself
a successor to Becket, in the new confrontation with Henry's
son, John.

3/3   *Vinacium = vinaceum,* grape-skin
4/7   *Ecce sacerdos:* cf. Eccli. 50:1, 8

uernis et quasi lilia in transitu aquarum.' Rosa designat martyrium. Rosa crescit super spínam. Spína est caro; rosa super spiné-
10   tum est martyrium in corpore afflicto. Vel spinétum potest dici
Anglia, quia aculeo persecutionis non cessat ecclesiam ínfestare.
Certe uilissimum esset hoc spinétum nisi rosas aliquas procrearet.
Ab hoc spineto namque prodijt sanctus Elfegus, sanctus Eadmundus et multi alij. Rosa que ultimo decorauit hoc spinetum
15   fuit gloriósus martyr Thomas; et ideo non est spernendum hoc
spinetum, quia si Domino placuerit adhuc poterit et alias rosas
procreáre.

5.   Ver fuit ecclesia primitíua. Beatus ergo martyr quasi
flos rosarum fuit in temporibus uernis, quia licet non fuerit rosa
in uere, id est licet non fuerit purpuratus rosa martyrij in primitiua ecclesia, tamen equalem gloriam primis martyribus, uel
5   certe si dícere liceat maiorem, promeruit, qui passus est in
autumpno in fine temporum, tempore fructuum colligendorum,
quando per maturitatem membra ecclesie conualuerunt peruent-
niendo ad gloriam. Vel aliter, fuit quasi flos, id est reuéra flos.
13v2   Scitis enim quod in uere prodeunt flores qui latuerunt / in
10   hyeme. Similiter ante pontificatum gloriósi martyris quasi
hyemps erat, quia prorsus deperijt libertas ecclesie, et sicut populi

4/13   *Elfegus:* St. Elfegus or Alphege (d. 1011), abbot of Bath and
later bishop of Winchester, was apparently involved in the
conversion of the Danelaw. Slain by the Vikings at Canterbury,
Alphege was regarded as a martyr of righteousness whose aid
was invoked by St. Thomas of Canterbury when he was slain.
S. Baring-Gould, *Lives of the Saints* (Edinburgh 1914) IV,
229-32.

/13-14   *Eadmundus:* Edmund the Martyr (841-70), king of East
Anglia, led the people against the invasions of the heathen
Danes. Tradition has it that he refused to compromise the
Christian religion and his people's welfare when he was of-
fered a peace treaty, and was put to death. He was regarded
as a holy king whose many miracles led to the dedication of
many churches in his name. Baring-Gould, *Lives* XIV, 462-6.
For a 'Life of St. Edmund,' see *Three Lives of English Saints*
ed. M. Winterbottom, TMLT 1 (Toronto 1972).

sic et sacerdos. In pontificátu uero ipsius cepit libertas ecclesie
apparére que latebat in hyeme. Erat ergo flos rosarum in temporibus uernis.

6.   Sequitur: 'et quasi lilia.' Lilium in altum crescit, cala-
mus eius hispidus est et asper. Flos lilij per sex folia propagatur,
in summitate est semen rubicundum. Preláti moderni in altum
crescunt, set eorum altitudo suáuis est. Delectantur enim in
5   condimento cibórum, suauitáte uestium et ceteris que corpus
nutriunt. Huius uero altitudo fuit aspera, quia in altitudine sua
asperam uitam ducens carnem coégit seruíre spirítui, et omnem
uictus mollíciem asperitate mortificatiónis exclúsit.

7.   Item. Flos lilij sex folijs distinguitur, et gloriosi martyris exilium per .vi. annos dilatátum est. Semen rubicundum in
summitate lilij est martirium, quod summitas floris per .vi. folia
distincti pretendit, quia in fine annorum quibus exulabat secu-
5   tum est martyrium. Aque sunt affluentia rerum temporálium.
Magnum quidem est esse lílium, id est mortificatiónem carnalium desideriorum, set maximum est esse lilium in transitu
aquarum, id est inter affluentes diuítias corpus macerare et
martírij agónem sustinere.

8.   Notetur etiam quod Dominus dícit in euuangelio:
'Vespere dicitis: serenum erit, rubicundum enim est celum, et
mane: tempestas, rutilum enim triste celum.' Mane fuit ecclesia
primitiua. Vespere fuit in passione gloriósi martyris, uel quia in
5   fine temporum passus est, uel ut legitur in uespere diei, quasi
hora undecima. Fuit igitur in passione ipsius celum, id est ecclesia, rubicundum, quia Cantuariensis ecclesia sanguine ipsius
rubricata est. Set hanc serenitatem, pro qua passus est et cuius
signum fuit rubor celi uespertínus, adhuc expectamus, et quam

7/2   *.vi. annos:* i.e. the six years of exile from 1164 to 1170,
when he returned to Canterbury and was martyred there
on 29 December
8/2   *Vespere:* Mt. 16:2-3

14r1   diu / Domino placuerit expectabimus. Nondum enim illuxit
serenitas illa, scilicet ecclesie tranquillitas et pax desideráta, set
adhuc durat tempestas. In mane, id est primórdio ecclesie, ruti-
labat scilicet sanguine martyrum celum, triste pro persecutione
fidelium, quia ecclesia membris suis patientibus compassa est.

9.   Jam ostendimus qualiter uerba ab initio proposita con-
gruant beato martiri. Sequitur ut exponámus prout congruunt
anime fideli. Dícit ergo ecclesia: 'Sub umbra illius, etc.' Quis
est iste desiderabilis? Ille scilicet de quo dicit Aggéus: 'Ecce
5   ueniet desiderátus cunctis gentibus.' Cui etiam dicitur: 'O
sapientia, o Emanuel, ueni, ueni.' Vox enim antiquorum patrum.

10.   Notandum quod umbra prouenit ex obiectu corporis
tenebrosi lumini. Corpus tenebrosum fuit caro Ihesu Christi,
lumen diuinitas eius. Vmbra inde proueniens est recordatio
dominice íncarnationis; requiescit ergo ecclesia in recordatione
5   dominice íncarnationis modernis temporibus, quod in antiquis
desiderabat. Quiescere debet anima fidelis sub hac umbra, non
perfunctorie transire, sed affectuose ímmorari, et cor apponere
recordando qualiter fuit natus, in presepio reclinátus, quam uili-
bus pannis opertus. Horum rememorátio debet in nobis con-
10   punctionem excitáre. Hinc dícit Ysaias: 'Plena est omnis terra
gloria Domini,' set statim subiungit: 'et domus plena fumo.'
Gloria Domini fuit etiam incarnatio, sícut alias dictum est, fumus
est conpunctio. Non ergo simplíciter dícit, plena est omnis terra
gloria Domini. Domus cordis nostri, id est conscientia nostra,
15   plena debet esse fumo, id est conpunctione ex recordatione
dominice íncarnationis proueniente. De hoc fumo dícit Ioel
prophetans: 'Dabo prodígia in celo sursum et in terra sanguinem
et ignem et uaporem fumi.' Prodígium sanguinis fuit datum in

9/4   *Ecce:* Agg. 2:8
/5-6   *O sapientia:* Great Antiphon for Vespers, 23 December
10/8   *presepio:* stable
/10   *Plena:* Is. 6:3
/11   *et domus:* Is. 6:4
/17   *Dabo:* Ioel 2:30

dominica passione, quia pro sudore exiérunt gute sanguínee;
20   prodígium ignis in missione Spiritus Sancti, quando in igneis
linguis descendit super apostolos; prodígium fumi in predicati-
14r2   one beáti Petri, quando una die .iijᵃ mília hominum / conuertit,
et alia die .v. milia: mirabile namque fuit et stupore dignum
quod simplex ydiota tot ad fidem conuertere potuit, etiam de
25   hijs qui in necem Domini conspirauerunt.

11.   Sequitur: 'fructus eius dulcis gutturi meo.' Fructus
incarnationis Domini est opus eius quod gessit in carne, mortu-
orum suscitatio, cecorum illuminátio, languidorum curátio, et
simília que ad humilitatem nos inuítant. Non dícitur, fructus
5   dulcis ori, set gutturi. Sunt enim quidam qui memóriam habent
et mentiónem faciunt de dominica íncarnatione et eius operibus
set nullam gustant internam dulcedinem. Fructus est dulcis ori
eorum, non gutturi; illis autem dulcescit in gutture qui cogi-
tando de operibus Domini refíciuntur interiori dulcedine.

12.   Sequitur: 'íntroduxit me rex in cellam uinariam.'
Consuetudo est quod quando aliquis amícum suum in cellarium
introducit ad uina probanda, propínat ei diuersa uini genera.
Cella uinaria est ecclesia; dolia martyres; vinum passiones eorum.
5   Similiter Dominus noster introducit animam fidelem in sanctam
ecclesiam, proponit ei uinum caritatis in passione beati Stephani
qui legitur affectuóse pro inimicis orasse, vinum mundicie in
festiuitáte sancti Iohannis Euuangeliste, vinum innocentie in
festo sanctorum innocentum, vinum gariophilatum in passióne
10   beáti Thome, qui dici potest zelus libertatis ecclesiastice. Sicut

10/19   *gute = guttae*
/22   *Beati Petri:* cf. Act. 2:41, 4:4
12/6   *passione:* St. Stephen's feastday is on 26 December.
/8   *festiuitate:* St. John the Evangelist's feastday is on 27
December.
/9   *festo:* The Holy Innocents' feastday is on 28 December.
gariophilatum: spiced wine
passione: The anniversary of Becket's martyrdom is on
29 December.

enim per species dulcorátur uinum et suauius redolet, eodem
modo exílium, carnis maceratio, dignitas conditionis, excellentia
dignitatis, quasi quedam species aromátice passióni coniuncte
martyrium eius dulcorábant. O quam ínfelices sumus si saltem
15   de aliquo istorum uinórum non gustauerimus, quam felices
uero si hoc uino spirituali potáti fuerimus scilicet ut ad exempla /
14v1 sanctorum caritátis ardóre ferueamus, mundicie polleámus sin-
ceritate, innocentiam preferamus in actibus, zelatóres ecclesiastice libertatis efficiamur.

13.   Sequitur: 'ordinauit in me caritatem.' Hoc est quod
perfectum est et totum perficit, omne bonum informat, et ad
perfectionem adducit. Sine caritate enim, ut ait Apostolus,
'ímpossibile est placere Deo.' Is autem est ordo caritatis ut
5   prímo et super omnia Deum diligámus, secundo nos ipsos, tercio
proximos, vt zelum animarum subditarum habeant qui in specula
prelationis sunt constitúti, exemplo beati Thome qui pro tuiti-
óne ecclesie, pro commisso grege, pro conseruanda libertate,
non formidáuit se furori tyrannico constanter obícere, et gladijs
10   funestórum satellitum caput expónere.

14.   Jam prosecuti sumus primam clausulam sermonis
prout attribuitur anime fideli. Restat ostendere qualiter competat
uiro religioso. Dícit ergo uir religiósus: 'Sub umbra illius quem
desideraueram sedi': quasi dicat, dum conuersarer in seculo sedi
5   sub umbra mundi, id est sub sentibus peccati, sed modo post

12/11   *species:* spices
13/4   *impossibile:* Hebr. 11:6
/10   *funestorum satellitum:* Becket was slain by four knights who
were responding to remarks made by the angry King Henry II.
They probably intended to take the archbishop captive, but
turned to murder when the archbishop resisted, and they were
faced by a hostile crowd in the church. See D. Knowles,
Thomas Becket (London 1970) ch. 10.
14/1   *primam clausulam:* Langton here refers to the original theme
of the sermon, 'Sub umbra illius, etc.' He announced the three-
fold interpretation of these words in 1/4-9, and proceeds here
with its application to 'uiro religioso' (cf. **IV.4/11** ff.).

conuersiónem requiesco sub umbra desiderati, id est memoria
íncarnationis Domini. Hinc dícit Dauid: 'Caro mea immutáta
est propter oleum.' Per oleum significátur misericordia Domini,
que est eius íncarnatio. Quidam transeundo ad claustrum carná-
10   lem conuersatiónem immútant, ut sine sollicitudine et forte
lautius quam in seculo uíuere possint in claustrali cenobio.
Certe talis immutátio est perniciósa, quia supplicij eterni meri-
tória. Bonus enim claustralis, ut semper sit misericordie Domini
memor, carnis sue statum debet ímmutare, ut sícut á seculo in
15   claustrum, sic á luxuria in mundiciam, á crapula in abstinentiam,
á garrulitate in taciturnitatem, á tumultu transeat ad tranquilli-
tatem, et sic de ceteris. De hac mutatióne dicit Ysaías: 'Erunt
14v2   .v. ciuitates in / terra Egypti loquentes lingua commutata uel
lingua Canáán.' Terra Egypti est ipse homo; prima ciuitas huius
20   terre sunt oculi qui uanis spectaculis in seculo delectabantur,
que lingua erat diaboli. In claustro loqui debet lingua Dei, id est
lacrimis effluere, quia in illis delectatur Dominus. Secunda
mutatio est in ore, quod friuola uerba detractoria, turpia pro-
ferre solebat. In claustro non debet aperíri nisi quando loquitur
25   cum Domino in orationibus et psalmis, uel quando Dominus
loquitur cum eo, in lectione scilicet. Tercia mutátio in auribus
est ut homini placeat aures habere ad audiendum laudes Domini
et commendationem proximi, que prius inanibus scurrílibus,
detractorijs uerbis assuefieri solebant. Quarta ciuitas est uenter.
30   Huius lingua commutári debet, ut qui prius ructabat ex super-
habundantia crapule, qui miscuerat assis elixa, simul conchilia
turdis, stomachoque tumultum inferébat, iam nouam consuetu-
dinem assúmat ut compellatur clamare pre abstinentia. Quinta
ciuitas sunt pedes. Hij etiam cum ceteris lingua Canáán uti
35   debent, ut qui príus ad malum proni erant et per campos licentie
uagando discurrebant, nunc in claustro cohibéri sustíneant.

15.   Sequitur: 'fructus eius dulcis gutturi meo,' ac si díceret:

14/7   *Caro:* Ps. 108:24
/17   *Erunt:* Is. 19:18
/31   *qui miscuerat:* cf. Horace, *Satires* 2.2.73-4

'ideo sedi sub umbra,' id est sub memoria íncarnationis eius,
'quia fructus eius,' id est passio que prouenit ex incarnatione
eius, 'dulcis est gutturi meo; quasi dulce reputo passionem
40   ipsius imitari in afflictione corporis et maceratione carnis.'

16. Sequitur: 'introduxit me rex in cellam uinariam.' Cella
uinaria est claustrum in quo debet esse uinum conpunctiónis,
abstinentie, religionis. Dolium: quicumque religiósus; vinum in
dolio: religio in claustrali egregio; ligatura circuli: disciplina.
15r1   Operculum foraminis in dolio est censura / silentij. Nisi dolium
bene religétur circulo, uinum effluit; sic conuersátio claustralium
nisi rigore disciplíne compescatur, exspírat relígio. Sicut autem
cellárium parui precij reputatur nisi uínum ad quod constructum
est contineat, sic claustrum non est dignum commendatióne
10   nisi polleat religióne.

17. Sequitur: 'ordinauit in me caritatem.' Caritas in religioso
bene ordinátur quando reddit prelato, pari, et subdito ad quod
tenetur: preláto obedientiam et reuerentiam; pari consilium et
auxilium; inferióri custodiam et disciplínam. Item in Libro Regum
5   legitur, ubi agitur de constructione templi, quod Salomon sedem
quandam construi fecit et ex utraque parte ipsíus manum
tenentem sedile. Manus dextere partis est caritas, manus sinistre
est obedientia; ista duo sunt precípua in religióso. Unde in Ecclesiastico: 'Filij sapientie ecclesia iustorum, natio illorum obedi-
10   entia et dilectio.' Item Iohannes in Apocalipsi: 'Vidit sedem et
in circuitu sedis iris.' Anima uiri religiósi et etiam cuiuscumque
iusti est sedes Dei. Iris duos habet in se colores, scilicet igneum
et aqueum. Ignis signíficat caritatem, aqua obedientiam. Sicut
enim aqua ductilis est in quamcumque partem uoluerit homo,
15   sic uoluntas religiósi obedientis conformári debet precepto preláti

17/2-3   *ad quod tenetur:* object of *reddit:* 'when he gives to the
            prelate ... that to which he is bound'
    /4   *Libro Regum:* cf. III Reg. 10:19
    /9   *Filij:* Eccli. 3:1
    /10   *Vidit:* Apoc. 4:3

et illud sequi. Bene igitur circuit iris, id est caritas et obedientia,
sedem Dei, id est animam iusti religiosi. Item dícit Ecclesiasticus:
'Initium necessárie rei uíte hominum ignis et aqua, ferrum et
sal, lac et panis similagineus, mel et botrus uue, oleum et uesti-
20   mentum.' Ista .x. maxime sunt necessaria uiro religióso. Ignis et
aqua sunt caritas et obedientia; ferrum et sal durícia uite cum
discretionis moderamine; lac doctrina paruulorum, panis similagineus instructio perfectorum: unde Apostolus eis qui nondum
in fide confirmati erant dicit: 'lac uobis potum dedi, non
25   escam.' Mel est mansuetudo, ut quilibet erga alium sit mansué-
tus et compatiens. Sed quia mansuetúdo nisi rigore temperetur
15r2   solet esse causa dissolutiónis, ad/ditur botrus uue, id est rigor
discipline, ut utrumque condimentum sortiatur ex altero, ne
aut rigor sit nimius aut mansuetudo dissoluta. Oleum, id est
30   misericordia, ut si uideris pusillanimem uel ignótum, misericor-
diter compatieris ei. Et uestimentum, id est ornátus uirtutum,
quo debet redimiri religiosus. Hec .x. conuersos in religione
consolidant et in sanctitate uíte consummant.

18.   Sic igitur sub umbra desiderati sedere curáte, sic fructu
consecutíuo íncarnationis, id est passione Domini, per imitationem utimini, ut á cella uinaria, id est claustrali cohabitatióne,
suffragantibus meritis beáti Thome transeátis ad gaudia celestis
5   uite, prestante Domino nostro Iesu Christo qui cum Patre et
Spiritu Sancto uiuit et regnat Deus per infinita secula seculorum.
Amen.

17/18   *Initium:* Eccli. 39:31
/24   *lac uobis:* I Cor. 3:2

SERMON IV

Vatican MS. lat. 1220 (olim 722)
folios 257r-262v

Canterbury: probably 7 July 1221

257r1   1.   Tractatus domini Stephani Canthuariensis archiepiscopi
de translatione beati Thome martyris. Translationis beati Thome
memoriam annue deuotionis studio recolentes, ante mentis
oculos statuamus quod de bellatoribus ecclesie primitiue dicitur
5   per prophetam, ut nostre seruitutis debitum fidelius persolua-
mus, et ad ministerium nostrum implendum ualidius accingamur.
Ait siquidem Zacharias: 'Bibentes inebriabuntur quasi uino, et
replebuntur ut phiale et quasi cornua altaris, et saluabit eos
Dominus Deus eorum in die illa, ut gregem populi sui, quia
10   lapides sancti eleuabuntur super terram.' Nulli uero uideatur
indecens aut indignum quod agere uolentibus diem festum
bellatores proponimus in exemplum. Necessarium est enim ut
sollempnia celebrantes sint ad spirituale prelium expediti, ne,
dum sanctorum merita uenerantur, inimicorum iaculis uulneren-
15   tur. Quod bene significat ille bellator egregius, Iudas uidelicet
Machabeus, qui sancta mundare disponens <et> templum
Domini dedicationis officio renouare, ordinauit uiros qui pugna-
rent interim aduersus eos qui erant in arce. /

257r2   2.   Huius exemplo sollempnijs insistentes contra malignos
spiritus in arce superbie residentes uiriliter dimicemus, qui
peccati uenenum festiuitatis uino miscentes interficiunt infelices,
qui sollempnitatum optentu negocium uentris agunt, et spirituale
5   gaudium exultatione carnali corrumpunt. Imitemur ergo, karissimi,
Mathathiam et filios eius, qui cum fidelibus Antiocho resistentibus
prouide statuerunt ut contra gentes que tempore Sabbatorum in
eos insurgerent unanimiter dimicarent. Nos namque prudenter

1/2   *translatione:* On Tuesday 7 July 1220, the remains of St.
Thomas Becket were solemnly moved ('translated') to a new
location in the choir (the 'Trinity Chapel') of Canterbury
Cathedral. The sermon printed here was probably preached
a year later, on the anniversary of the translation. On this
see Introduction, p. 10.
/7   *Bibentes:* Zach. 9:15-16
/15-16   *Iudas ... Machabeus:* I Macc. 4:36, 41
2/1   *insistentes:* entering upon (takes dat.)
/7   *tempore Sabbatorum:* cf. I Macc. 1:48; 2:1-70

et fortiter hostibus resistamus, qui Sabbata nostra perturbant
10   et iniquis surreptionibus machinantur ut spirituale gaudium in
perniciem transeat animarum quod ad earum remedium est
statutum. Si enim leticie frena laxantes pretextu leticie lasciuiam
amplectamur, et abiecto cingulo discipline uiri ecclesiastici
fuerint dissoluti, hostes ecclesiam intuentes eius Sabbata deride-
15   bunt. Cum igitur in Psalmo legamus quod in iustorum taberna-
culis uox exultationis resonet et salutis, si iusti esse uolumus,
attente curemus ut si apud nos fuerit uox exultationis eadem
sit et salutis. Nec exultatio salutem excludat, aut temporale
gaudium dolorem perpetuum introducat.

3.   Tota mentis intentione uitemus ne iuxta Thaddei
testimonium 'Dei nostri gratiam,' in sanctorum gloria constitu-
tam, 'in luxuriam transferamus': quoniam in iudicium sunt
proscripti, et dampnationis titulo iam notati, qui temeritatis
5   huius modi audaciam attemptare presumunt. 'Dies enim festos'
quos in hac uita leticia prosequitur inhonesta, uite terminus
iuxta uerbum propheticum 'in lamentationem conuertet et
luctum.' Quis namque miretur si Domino seruire cogantur in
penis qui eum coegerunt in suis seruire peccatis, iuxta quod
10   conqueritur per prophetam, qui suam et sanctorum gloriam ad
uoluptatem retorserunt et culpam? Modum autem et formam
sollempnitatibus celebrandis scriptura prescribit, que cuiusdam
festiuitatis celeberrime gaudia prosequens asserit omnem
secundum faciem sanctorum fuisse iocundum. Qualis uero sit
15   ista sollempnitas, Apostolus docet dicens: 'Fornicatio et omnis

2/15   *Psalmo:* cf. Ps. 117:15
3/1   *Thaddei:* one of Jesus' apostles (cf. Mc. 3:18); he was thought
       to be the author of the Epistle of Jude, which Langton para-
       phrases at this point (from Jude 1:4)
/5-8   *Dies ... luctum:* cf. I Macc. 1:41
/6   *leticia ... inhonesta:* undue joy
/9   *qui ... peccatis:* cf. Is. 43:24
/12   *scriptura:* cf. III Reg. 8:65
/13-14   *omnem ... iocundum:* cf. Judith 16:24
/15   *Fornicatio:* Eph. 5:3-4

immundicia aut auaricia nec nominetur in uobis, sicut decet /
257v1   sanctos, aut turpitudo aut stultiloquium aut scurilitas que ad
rem non pertinet, sed magis gratiarum actio.' Uir enim sanctus,
licet in Iericho conuersetur, faciem tamen euntis in Ierusalem
20   non amittit, quia licet eum in mundo detineat conuersatio cor-
poralis, faciem tamen retinet ad celestia suspirantis.

4.   Bellatores itaque primitiuos, sicut diximus, quorum
probitas nos inuitat ut in diebus festis hostes fortiter impugne-
mus, sermo propheticus laudans ait: 'Bibentes inebriabuntur
quasi uino, et replebuntur ut phiale et quasi cornua altaris, etc.'
5   Hec uerba non solum preliatores primos indicant, set et sanctorum sollempnia celebrantes reformant. Tria namque notantur in
hijs uerbis, propter que salubriter est statutum ut ecclesia
sollempniter celebret festa sanctorum. Prima causa est gaudium,
ut in Domino gaudeamus eorum beatitudini congaudentes quos
10   ipse pie dilexit, excellenter ornauit, stola glorie induit et magni-
fice coronauit. Gaudium autem notat prima clausula uerbi pro-
phetici supra premissi. Secunda causa est exemplum, ut nos, qui
sanctorum merita recensemus, in sensu bonorum operum eorum
uestigijs insistamus, et eos mentis gressibus imitemur de quorum
15   patrocinio gloriamur. Secunda clausula supraposita notat hanc
causam. Qui enim pro uirium facultate sanctorum operibus se
conformant, congrue uasis sacris et altaris cornibus conferuntur,
ut sequentia declarabunt. Tercia causa est subsidium, ut qui de
sanctorum meritis gratulantur de eorum patrocinio glorientur.
20   Nec eis in auxilio sancti desunt, set obsequium sibi factum
uicissitudine grata compensent. Hanc terciam causam notat
tercia clausula uerbi premissi. Viatorem ad superna tendentem
et per festiuitatem annuam ad continuam suspirantem refrigerant
ista tria, quoniam ab exemplo deducitur, a subsidio sustentatur,
25   a gaudio refouetur. Exemplum enim optinet uicem ducis, subsidium adiutoris, et ne solacium ei desit, gaudium hijs duobus assistit.

3/19-20   *faciem ... amittit:* cf. Lc. 9:53
4/1   *Bellatores:* object of *laudans*
/11   *clausula:* cf. **III.14/1**

5.   Quid autem magis expedit uiatori quam ut iter eius sit
certum, securum, et letum? Ad que omnia sufficiunt ista tria,
quoniam exemplum certitudinem, subsidium securitatem,
gaudium leticiam administrat. Ecce quanta suauitas ex obser-
5   uancia festiuitatum emanat que per gaudium, de quo diximus,
257v2   indicatur. Ecce qui fructus de sollemp/nitatibus colliguntur, si
pia deuotione fuerint obseruate, quos subsidium et exemplum
superius expressa designant. Vnde cum propheta sanctos lapides
super terram eleuandos dixisset, insinuans per hoc uerbum
10   sanctorum corpora gloriose de tumulis transferenda, quantum
translationis gloria sit fructuosa fidelibus mox declarare uolens
adiungit: 'Quid enim bonum eius est, et quid pulchrum eius,
nisi frumentum electorum et uinum germinans uirgines?' Subsidium et exemplum que de sollempnijs oriuntur, sicut superius
15   est ostensum, frumentum indicat electorum. Sicut enim in area
trituratur, ut granum a palea separetur, sic in ecclesia discussa
sunt gesta sanctorum, ut excussa palea uanitatis tam sancta sit
eorum memoria quam sollempnis, et grana sine paleis reseruantes
eorum adiuuemur auxilijs et informemur exemplis. Frumentum
20   etiam in horreo mundo reponitur ut seruetur, nec absque mundicia cordium possunt uotiua sollempnia, prout decet, obseruari.

6.   Gaudium autem sanctum, quod festiuitatibus est
annexum, per uinum germinans uirgines indicatur. Vinum namque spiritualis leticie mundiciam germinat uirginalem, quia
castitatem nutrit et seruat. Set uinum leticie secularis generat
5   aut germinat meretrices, quia libidinem incitat et inflammat. A
festiuitatibus ecclesiasticis sit alienum hoc uinum, in quibus est
uinum aliud propinandum. Vnde Dominus per prophetam
eunuchos eius Sabbata custodire testatur, illos, inquam, eunuchos qui, sicut in euangelio ipse dicit, 'semetipsos propter regna

5/8   *propheta:* cf. Zach. 9:16
/12   *Quid enim:* Zach. 9:17
6/1   *Gaudium:* The paragraphing of the MS is being followed in
           this sermon, but the sense here is continuous. See also **8/1.**
/9   *euangelio:* Mt. 19:12

10   celestia castrauerunt.' Hij sunt qui pro celestis regni desiderio
turpitudinem noxie uoluptatis a sua carne resecant et abscidunt.
Notandum autem quod egregie sollempnitatum utilitas commen-
datur, dum ad eam sullimiter extollendam bonitas et pulchritudo
iunguntur. Sic nempe fratrum concordiam commendauit
15   Psalmista cum ait: 'Ecce quam bonum et quam iocundum habi-
tare fratres in unum.' Sic etiam christiane deuotionis obsequium,
in timore diuino consistens et obseruancia mandatorum, uir
sapiens laudat dicens: 'Nichil melius quam timere Deum, et
nichil melius quam respicere in mandatis illius.'

258r1   7.   Tria superius memorata, scilicet gaudium, / subsidium,
et exemplum, que festiuitatibus, ut diximus, sunt annexa, nota-
uit Dominus per prophetam dicens: 'Filios aduene, qui adherent
Domino ut colant eum, omnem custodientem Sabbatum ne
5   polluat illud, et tenentem fedus meum, adducam eos in montem
sanctum meum, et leuabo eos in domo orationis mee. Holocausta
eorum et uictime eorum placebunt mihi super altare meum.'
Aduenam sacra scriptura populum gentilem appellat. Vnde
populo Iudaico dictum est: 'Aduena qui tecum uersatur in terra
10   ascendet super te eritque sullimior, tu autem descendes et eris
inferior.' Hoc autem est euidenter impletum in Iudaico populo
et gentili. Nos igitur aduene filij sumus omnes, qui de gentibus
orti sumus. Euidenter autem cultus diuini modum et formam
expressit sermo propheticus, cum de colentibus Deum ait: 'Qui
15   adherent Domino ut colant eum.' Scriptum quippe est: 'Qui
adheret Domino, spiritus unus est.'

8.   Docet autem Dei cultores ipsum in festiuitatibus uene-

6/15   *Ecce quam:* Ps. 132:1
/18   *Nichil:* Eccli. 23:37
7/3   *Filios:* Is. 56:6-7
/7   *uictime:* sacrifices
/9   *Aduena qui:* Deut. 28:43
/14-15   *Qui adherent:* Is. 56:6
/15-16   *Qui adheret:* I Cor. 6:17
8/1   *Docet:* i.e. the aforesaid scriptural passages: on the continuity

rantes esse spiritum et non carnem, quia spiritualem leticiam,
non carnalem exigit cultus Dei. E contrario de equis Egypti,
per quos potentes seculi designantur, dicitur per prophetam:
5   'Equi eorum caro, non spiritus.' Sunt enim plerumque mundi
potentes ad spiritualia segnes et tardi, set ad carnalia ueloces et
prompti, et impletur in eis illud propheticum: 'Attendi et
auscultaui, nemo quod bonum est loquitur, nullus qui super
peccata sua agat penitenciam, dicens: Quid feci? Omnes con-
10 uersi ad cursum suum quasi equus impetu uadens ad prelium.'
Recte uero subiungitur: 'Omnem custodientem Sabbatum ne
polluat illud, et tenentem fedus meum.' Qui enim festiuitatem
diuino cultui deputatam aliqua transgressione uiolat, fedus cum
Domino initum non obseruat. Antiquitus autem fedus effusione
15 sanguinis firmabatur. Nos igitur, in festis eorum qui sanguinem
suum pro Christo fuderunt fedus quod cum Domino nostro
contraximus toto mentis desiderio confirmemus. Legitur quod
quando populus Israel fedus cum Domino Iosue mediante per-
cussit, ipse pergrandem lapidem in sanctuario statuit, quem
20 huius negocij testem fecit. In sacra scriptura per lapides plerumque sancti martyres designantur, sicut sequentia declarabunt.
258r2 Lapis ergo pergrandis in sanctua/rio Domino erigitur cum alicuius martyris magni reliquie in ecclesia sullimiter exaltantur.

9.   Cum igitur hodie recolamus qualiter lapis grandis in
sanctuario sit erectus, id est Thomas martir gloriosus de tumulo
eleuatus, ad hunc lapidem cordis dirigamus intellectum, et
defigere studeamus in eo nostre mentis affectum, ut deuotionis
5   nostre testis esse possit et uelit. De hijs autem qui sinceris mentibus Deum colunt dicitur consequenter: 'Adducam eos in mon-

              of sense, see note to **6/1** above.

8/5	*Equi:* Is. 31:3
/7	*Attendi:* Ier. 8:6
/11	*Omnem:* Is. 56:6
/13	*deputatam:* assigned to
/17	*Legitur:* cf. Ios. 24:25-7
9/2	*Thomas martir:* refers to the 'translation' of the relics of Becket
/6	*Adducam:* Is. 56:7

tem sanctum meum, letificabo eos in domo orationis mee; holocausta eorum et uictime eorum placebunt mihi super altare
meum.' Quibus uerbis primo notatur exemplum, secundo gau-
10   dium, tercio suffragium. Que tria superius sunt expressa. Sanctorum enim exemplum nos in montem Domini, eterne scilicet
beatitudinis sullimitatem, adducit. Exemplum namque, sicut
diximus, ad superna tendentibus uiam rectam exhibet uice ducis.
Vnde dicitur per Psalmistam: 'Emitte lucem tuam et ueritatem
15   tuam, ipsa me deduxerunt et adduxerunt in montem sanctum
tuum et in tabernacula tua.' Quid rectius lucis nomine quam
Dei gratia figuratur, sine qua nichil lucidum, nil serenum, set
omnia tenebrosa?

10.   Ueritas autem est conuersatio sancta iustorum. Impio-
rum namque uita uanitas est et mendacium, veritas autem uita
bonorum. Vnde dicitur per prophetam: 'Pacem et ueritatem
diligite.' Iustus quippe pacem cum proximo, ueritatem autem
5   diligit in se ipso. Deducunt namque lux et ueritas uirum iustum,
eum in montem et in tabernacula adducentes; quia preuia Dei
gratia per sanctorum exempla regnabimus in patria, proficiemus
in uia. Mons siquidem, in quo ciuitas edificatur, ad patriam,
tabernacula, que sunt uiatorum, referuntur ad uiam. Spirituale
10   uero gaudium, quod festiuitatibus annuis est annexum, exprimitur euidenter cum subiungitur: 'Letificabo eos in domo orationis mee.' In holocaustis et uictimis, de quibus additur consequenter, sanctorum suffragia denotantur. Victimas enim et
holocausta pro nobis offerimus cum eorum merita qui per fidem
15   regna uicerunt, et se ipsos in odorem suauitatis ei optulerunt,
pro nobis Domino presentamus, ut eorum precibus eius offensam
placare possimus.

9/10   *suffragium = subsidium*
/14   *Emitte:* Ps. 42:3
10/1   See note to **6/1.**
/3   *Pacem:* cf. Zach. 8:19
/6   *preuia:* leading the way
/11   *Letificabo:* Is. 56:7
/13-15 *Victimas ... optulerunt:* cf. Num. 15:3
/16-17 *eius ... placare:* to appease His displeasure

11. Nunc uerbum propheticum ab inicio propositum per-
258v1   scrutemur: 'Bibentes in/ebriabuntur quasi uino, etc.' Frequen-
ter in sacra scriptura per comestionem et potum spiritualis
leticia designatur. Hinc Ecclesiastes ait: 'Omnis homo qui co-
5   medit et bibit et uidet bonum de labore suo, hoc donum Dei
est.' Bona de laboribus suis uidet qui in sanctis operibus se
exercet, et laboris sui fructum constituit premium sempiternum.
De quo scriptum est: 'Bonorum operum gloriosus est fructus.'
Est autem spirituale gaudium uite laudabilis condimentum.
10   Conuenienter enim exultant qui laboribus fructuosis et honestis
insudant. Hinc apostolus Petrus ait: 'Communicantes Christi
passionibus gaudete.' Non enim eum exultare decet qui passionis imitationem abhorret, quia non erit consors redemptoris in
gloria qui non fuerit consors eius in pena, quia testante Apostolo:
15   'Qui non compatitur, non conregnabit.' Est autem passionis
consortium, quia gustantibus amarescit, spirituali leticia dulco-
randum. Vnde Domino dicitur per prophetam: 'Occurristi
letanti et facienti iusticiam.' Dominus enim quasi promptus
auxiliator occurrit ei qui cum gaudio carnem suam cum uicijs et
20   concupiscentijs crucifigit.

12. Cum ergo comedit homo et bibit, et de labore suo
bona percipit, hoc donum Dei est iuxta testimonium Salomonis.
Dominus enim solus est qui mentem afflictam exhilarat, et
patientis animum inter tormenta letificat. Qualiter autem come-
5   dat et bibat qui bonis operibus uigilanter insistit, sententia que
precedit euidenter aperit et ostendit. Premittitur enim istud:
'Cognoui quod non esset melius nisi letari, et bene facere in
uita sua, comedere et bibere et colletari.' Idem enim est de
laboribus bona uidere quod bene facere in hac uita. Spirituale

11/4   *Omnis homo:* Eccle. 3:13
/8   *Bonorum:* cf. Sap. 3:15
/11   *Communicantes:* I Petr. 4:13
/15   *Qui non:* cf. Rom. 8:17
/17   *Occurristi:* Is. 64:5
12/2   *Salomonis:* cf. Eccle. 3:13
/7   *Cognoui:* Eccle. 3:12

10   quoque gaudium notans in Canticis sponsus ait: 'Comedite et
      bibite et inebriamini, karissimi.' Sicut per cibum et potum
      spiritualis leticia, sic per inebriationem habundantia talis leticie
      denotatur. Dicit ergo patenter: Gaudeant et exultent quicumque
      Domino per amiciciam sunt coniuncti, plenius tamen gaudeant,
15   qui per altiorem caritatis amiciciam ei familiarius appropinquant.
      Quid tamen admonitionem istam precedat, sollicite perpenda-
258v2 mus. Postquam enim dixerat, / 'messui myrram meam cum
      aromatibus meis, comedi fauum cum melle meo, bibi uinum
      cum lacte meo,' consequenter amicos ut comedant, karissimos
20   autem ut inebrientur inuitat.

      13.   In horto suo Dominus cum aromatibus myrram metit
      cum in ecclesia recipit corporum disciplinam bonorum operum
      admixtione conditam. Mellis nomine contemplacio figuratur. Et
      rei conuenit hec figura, cum sit mellifluus supernorum aspectus.
5   Contemplacionem melli contulit qui ait: 'Sicut qui mel multum
      comedit, non est ei bonum, ita perscrutator maiestatis compri-
      metur a gloria.' Fauus est dulcedo mentis interna, contemplacioni
      supernorum adiuncta. Fauum ergo cum melle suo Dominus
      comedit, quia gratum est ei contemplacionis obsequium cum
10   delectatione cordis oblatum. Mordax est uinum et uulnerum
      corporis curatiuum. Vnde per uinum compunctio figuratur. Que
      cum sit intus pungitiua, spiritualium uulnerum est medela. Per
      lac, quo simplices et paruuli nutriuntur, cordis simplicitas in-
      telligitur. Gratanter ergo cum lacte Dominus uinum bibit, quia
15   dolorem illum acceptat quem ei cordis simplicitas recommendat.

      14.   Post ista premissa, sequitur competenter: 'Comedite
      amici, etc.' Decenter enim exultant qui talibus obsequijs Deum
      placant. Quoniam autem inebriatio, sicut diximus, spiritualis
      leticie notat habundantiam, recte qui Dominum in sanctorum

      12/10   *Comedite:* Cant. 5:1
       /17   *messui:* Cant. 5:1
      13/5   *Sicut qui:* Prov. 25:27
       /12   *pungitiua = pungens*

5   memoria uenerantur inebriandi dicuntur, ut aperte notetur
quod sancti leticia debeant habundare. Notandum autem quod
ebrietas animum quem exhilarat a temporalibus alienat. Vnde
scriptum est: 'Qui inebriat, ipse quoque inebriabitur.' Qui
enim aliorum animos exhortatione salutis separat a terrenis,
10   ipsius animus auelletur ab eis, eius operante clementia qui in
fortitudine uinctos educit. Vnde Dominus per prophetam ait:
'Si conuerteris, conuertam ad te, et ante faciem meam stabis.
Et si separaueris preciosum a uili, quasi os meum eris.' Hinc
etiam per eundem prophetam dicitur: 'Factus sum quasi uir
15   ebrius, et quasi homo madidus a uino, a facie Domini et a facie
uerborum sanctorum eius.' Inebriat intuentem facies creatoris, /
259r1 quia contemplantis animum a transitorijs rebus eripit, ad bona
sempiterna deducit. Inebriat etiam auditores diuini sermonis
auditus, quia terrenorum amorem uerba sancta depascunt, et
20   desiderium eternorum accendunt. Vnde uiuis carbonibus comparantur, qui cibaria paleamque consumunt. Spiritualis autem
leticia sicut ebrietas mentem supernis inserit, a terrenis auertit.
Inebriantur hoc modo qui nostram matrem uenerantur, ut
celestibus intendentes fugitiua bona despiciant et permanentia
25   concupiscant.

15.   Rursum ebrietas doloris sensum adimit, adeo quod
ebrius, etiam cum dolenda sustinet, hilarescit. Vnde uocem
ebrii uir sapiens ita format: 'Verberauerunt me et non dolui,
traxerunt me set non sensi.' Hinc etiam Iheremias sub persona
5   carnalis hominis loquens ait: 'Inebriauit me abscinthio.' Cuius
uerbi sensum aperiens beatus Gregorius sic illud exponit: 'Ebrius
quod patitur nescit. Abscinthio ebrius est qui amaritudines
mundi tolerat, et tamen quid patitur ignorat.' Fuerunt ergo

14/8   *Qui inebriat:* Prov. 11:25
/12   *Si conuerteris:* Ier. 15:19
/14   *Factus:* Ier. 23:9
/20   *Vnde uiuis:* cf. Ier. 17:28; Mt. 3:12; Lc. 3:17
15/3   *Verberauerunt:* Prov. 23:35
/5   *Inebriauit:* Thren. 3:15
/6   *Gregorius:* cf. *Moral. in Iob* 20.15 (PL LXXVI, 159-60)

tanquam ebrij bellatores ecclesie primitiue, qui cum interna
10   leticia corporum tormenta uicerunt, et iuxta uerbum Apostoli
'rapinas bonorum suorum cum gaudio susceperunt.' Spiritualis
autem iocunditas similiter ut ebrietas tristicie sensum tollit, et
mentibus persecutione pulsatis hilaritatem sanctam infundit.

16.   Qualis autem exultatio sanctorum festiuitates debeat
comitari declarauit Psalmista cum ait: 'Exaltationes Dei in gutture
eorum, et gladij ancipites in manibus eorum.' Humani generis
inimicus illis confidenter tendit insidias quos seculi gaudijs in-
5   uenit irretitos. Profundius enim infirma sua discutit dolens animus quam exultans. Nisi namque temptator callidus tempus
leticie temptationi congruere cognouisset, nequaquam, filijs et
filiabus Iob in domo primogeniti fratris sui uescentibus, ipse
concussis angulis domus totam beati uiri progeniem extinxisset.
10   Quoniam igitur plerumque, sicut diximus, mentem in temptationis
laqueos exultationis aditus introducit, ualde necessarium est ut
dum exultatio guttur occupat, manus gladium apprehendat,
259r2   illum, inquam, gla/dium quem Apostolus nominat Dei uerbum.
Opus autem est ut gladius in manu portetur, quia parum est Dei
15   uerbum in corde uersare, nisi qui illud studeat operibus implere.
Manus igitur gladium apprehendat, ut quod corde sentitur,
bonorum operum testimonio confirmetur. Vnde beatus Iob ait:
'Arcus meus in manu mea instaurabitur.' Arcus instauratur in
manu cum instrumentum pugne celestis, de quo iacula mittuntur
20   in hostes, bone conuersationis adiutorio roboratur.

17.   Presens igitur festiuitas sic leticie recipiat blandimentum
ut seueritatem gladij non excludat. Qualis etiam leticia debet
esse festiuitatibus sanctorum annexa manifeste demonstrat quod
dicitur per Psalmistam: 'Seruite Domino in timore, et exultate

15/11   *rapinas:* cf. Hebr. 10:34
16/2   *Exaltationes:* Ps. 149:6
/7-9   *filijs … extinxisset:* cf. Iob 1:13, 19
/13   *Apostolus:* Eph. 6:17
/18   *Arcus meus:* Iob 29:20
17/4   *Seruite:* Ps. 2:11

5 ei cum tremore.' Cum timore seruiendum est Domino, quia sic
exultatio timore debet acui sicut timor exultatione condiri.
Decet enim ut si seruicij spiritualis occasio secularem leticiam
introducat, timoris magisterium eam premat, ut in refectione
sacra dulcedinis simul et acriminis seruet condimentum. Quod
10 etiam alibi monstrauit aperte Psalmista cum ait: 'Deduc me,
Domine, in uia tua, ingrediar in ueritate tua; letetur cor meum,
ut timeat nomen tuum.' Per uiam Domini ambulat qui sapienter
ei ministrat. Ministrans autem Domini ueritatem ingreditur
cum eius ministerium ad celestia retorquetur. Ministerij uero
15 modus aperitur cum dicitur: 'Letetur cor meum, ut timeat
nomen tuum.'

18.   Eleganter expressit qualiter in obsequio Domini sit
gaudendum qui letari pecijt ut timeret. Talis enim debet esse
leticia ut timorem Domini nullatenus minuat, et talis esse
timoris custodia que spiritualem leticiam non excludat. Vnde
5 postquam Psalmista premiserat: 'Seruite Domino in timore,'
recte subiunxit: 'et exultate ei cum tremore.' Cum enim ecclesie
filios oporteat salutem suam cum timore et tremore, sicut dicit
Apostolus, operari, necesse est ut, cum exultatio foris adest,
eius ingressum timor interius moderetur, ne tota ueniens ad cor
10 intret, et ad immoderatum eius ingressum infirma ratio suffo-
259v1 cetur. Hoc autem periculum / timor et tremor excludant, uidelicet ut mens mala que possunt accidere sollicite pertimescat, et
corpus mentis obsequio se reuerenter addicat.

19.   Sequitur: 'Replebuntur ut phiale et quasi cornua
altaris.' Per phialas et altaris cornua nobis est insinuata iusticie
duplex forma, uarijs considerationibus obseruanda. Sancta
namque conuersatio, ut ita dixerim, nunc ab angusto tendit in

17/9   *acriminis = acrimoniae*
/10   *Deduc:* Ps. 85:11
/15   *Letetur:* Ps. 85:11
18/5   *Seruite:* Ps. 2:11
/8   *Apostolus:* cf. Philip. 2:12
19/1   *Replebuntur:* Zach. 9:15

5   latum, phiale figuram exprimens, que fundum habet angustum,
set patulum os et amplum; et dum in altum ascendit, paulatim
in latitudinem se diffundit. Ita iusticia, dum proficit, paulatim
incrementum suscipit et in bonis operibus dilatatur. Interdum
autem sanctitas progreditur in acutum, sicut altaris cornua
10   sumunt initium latitudine, set deinceps se coartant, itaque in
acumine terminantur.

20.   Assimulatur hijs cornibus iusticia consummata, que
cum perfectionem fuerit assecuta, per humilitatis modestiam se
constringit, cum in meritorum excellentia prius fuerit dilatata.
Attendit enim uerbum sapientis uiri dicentis: 'Quanto magna
5   est potencia Dei solius et ab humilibus honoratur.' Hac consideratione uir iustus, quanto magis in perfectionem se erigit, tanto
per humilitatem amplius se substernit, ne superba de se sentiat,
et per presumptionem precipitatus corruat, aut per inanem
gloriam euanescat.

21.   Qualiter iusticia proficiens dilatetur Salomon docet
dicens: 'Iustorum semita quasi lux splendens procedit et crescit
usque ad perfectam diem.' Iusticia namque cum incipit, primo
tenui luce clarescit; set cum perfectionem attigerit, claritatis
5   sue radios circumquaque diffundit. Hinc per Psalmistam dicitur:
'Viam mandatorum tuorum cucurri, cum dilatasti cor meum.'
Et iterum: 'Et ambulabam in latitudine, quia mandata tua ex-
quisiui.' Hinc etiam in Prouerbijs ad filium pater ait: 'Viam
iusticie monstrabo tibi, ducam te per semitas equitatis, quas
10   cum ingressus fueris, non artabuntur gressus tui, et currens non
habebis offendiculum.' Iusticia namque festinans ad premium
259v2 nec angustia coartatur nec / offendiculo prepeditur, quia Dominus
ei contraria dissipat et eius impedimenta complanat. Hinc etiam

20/1   See note to **6/1.**
/4   *Quanto:* Eccli. 3:21
21/2   *Iustorum:* Prov. 4:18
/6   *Viam:* Ps. 118:32
/7   *Et ambulabam:* Ps. 118:45
/8   *Viam:* Prov. 4:11

cum profectus Dauid scriptura sacra describeret, ait: 'Dauid
15   proficiens et semper se ipso robustior erat, domus autem Saul
decrescens cotidie.' Iustus enim per incrementa meritorum
ascendet, iniustus autem per malorum operum decrementa
decrescet.

22.   Qui autem profectui uirtutum insistit, quasi semet-
ipsum proficiendo transcendit. Carnis enim corruptelam deserit,
et spirituale fastigium potenter attingit. Nonne super semet-
ipsum excreuerat is qui ait: 'Uiuo ego, iam non ego, uiuit autem
5   in me Christus'? Nonne super se uidebatur ascendere cum
dicebat: 'Que retro sunt obliuiscens, ad ea que sunt priora me
ipsum extendo'? Quod de uirtutis incremento prediximus,
uidelicet quod iusticia proficiens dilatatur, fuit euidenter in
templi fabrica figuratum. Superius namque tabulatum in templo
10   maiorem latitudinem optinebat, inferius uero minorem. Nam
infimum tabulatum quinque cubitos latitudinis habuit, medium
uero sex, superius autem septem.

23.   Tabulata, quibus templi parietes decorantur, sunt
fideles ecclesie qui eam uestiunt et ornant, sicut dicitur ei per
prophetam: 'Viuo ego, dicit Dominus, quia omnibus hijs uelut
ornamento uestieris, et circumdabit tibi eos quasi sponsa.' Bene
5   autem tabulata uiros catholicos indicant, quorum corda caritas
dilatauit, disciplina celestis excidit, simplicitas complanauit.
Huic sensui bene congruit quod tabulata fuerunt in superioribus
latiora, quia fidelium mentes ad temporalia se constringunt et
ad celestia se expandunt. Similiter autem templum, quod
10   Ezechieli fuit ostensum, superius fuisse latius perhibetur. Qui
autem templi nomine figurentur, docet ille qui ait: 'Nescitis

21/14-15 *Dauid proficiens:* II Reg. 3:1
22/4   *Uiuo:* Gal. 2:20
  /6   *Que retro:* Philip. 3:13
  /9   *templo:* cf. Ez. 40-43
23/1   See note to **6/1**.
  /3   *Viuo ego:* Is. 49:18
  /10   *Ezechieli:* 43:10 ff.   /11   *Nescitis:* I Cor. 3:16

quia templum Dei estis.' Et si suaue uidetur hoc uerbum, pungiturum est ualde quod sequitur: 'Si quis templum Dei uiolauerit,
disperdet illum Deus.'

24. De templo etiam superius memorato legitur audisse
propheta: 'Tu autem, fili hominis, ostende domui Israel templum,
ut confundantur ab iniquitatibus suis.' / Confunduntur namque
salubriter peccatores cum eis proponitur in exemplum uita
iustorum. In hoc enim speculo maculas suas agnoscunt, et eas
lacrimando diluunt et penitentie lamentis abstergunt. Eleganter
autem hoc templum superius fuisse latius memoratur, quia, sicut
diximus, corda iustorum coartantur in infimis et dilatantur in
summis. Sunt enim corda bonorum thuribulo ualde similia, quod
cum sit clausum inferius, superius est apertum. Secundum hanc
similitudinem pie mentes ad terrena se claudunt, et aperiunt ad
superna. Hoc est quod in Apocalipsi legitur angelus tenuisse
thuribulum: quod sanctorum orationibus erat plenum. Illorum
namque cordium angeli sunt custodes de quibus orationum
fumus ascendit, quarum odore Dominus demulcetur et suauitate
placatur.

25. Nunc scripture testimonijs ostendamus quomodo per-
fecta iusticia, cum consummata fuerit, se constringit, et que
dilatatur in imo, quomodo coartatur in summo. Quod archa Noe
figurauit expresse, scilicet eam superius unus cubitus consummauit. Quid per archam Noe melius quam ecclesia figuratur, que
sinu mentis expanso Spiritus Sancti flatum accipit, cuius impulsu
seculi fluctus secat, et ad uite portum tota cordis intentione
festinat? Hoc dilatatur in imo et coartatur in summo, quia que
latitudinem et longitudinem inferius habuit, postquam in uirtutis
exercitio se diffudit, dum retributionem supernam attendit, opera

23/12-13 *pungiturum = puncturum*
  /13   *Si quis:* I Cor. 3:17
24/2   *Tu autem:* Ez. 43:10
  /9   *thuribulo = turibulo,* censer
  /12   *Apocalipsi:* cf. Apoc. 8:3
25/3   *archa:* cf. Gen. 6:16

sua despicit, et ea tanquam modica paruipendit, sub humilitatis
custodia se comprimit, et inflationem noxiam uirtutis pede
restringit. Hec esse sollicite facienda saluator ostendit, qui
discipulis suis ait: 'Cum omnia bene feceritis, semper dicatis:
15   Serui inutiles sumus.' Qui omnia bene facit in bonis operibus
se dilatat. Set qui postea se seruum inutilem reputat, per humilitatis modestiam se coartat. Hinc rursus ad sponsam in Canticis
sponsus ait: 'Venter tuus sicut aceruus tritici uallatus lilijs.'

26.   Plerumque uentris nomine mens significatur, eo quod
cogitationes in mente sicut cibaria digeruntur in uentre. Vnde
dicitur per prophetam: 'Ventrem meum doleo, uentrem meum
260r2   doleo.' Quem autem dolorem plan/geret mox aperuit, cum
5   subiunxit: 'Sensus cordis mei turbati sunt.' Fuit ergo prophete
plangenti mentis tribulatio dolor uentris. Hinc etiam de impio
scriptum est: 'Vterus eius preparat dolos.' Constat autem quod
carnalis uterus dolos preparare non potest, sed uterus dolos
preparans est animus fraudis machinamenta pertractans. Venter
10   itaque sponse signanter aceruo tritici comparatur, qui cum sit
latus in imo, tamen est angustus in summo, quia fidelis anima
prius in bonorum operum exercitio se diffundit, deinde post
contemplationem celestium in se redit, et per humilitatem, ut
diximus, se constringit.

27.   Bene autem aceruo tritici comparatur, quia, palea
uanitatis excussa, meditationis sacre thesaurum quasi grana
tritici in horreo conscientie congregat et seruat. Hic autem
aceruus lilijs dicitur esse uallatus, quia fidelis animus undique
5   mundicia castitatis est cinctus. Nec solum lilio, set lilijs uallari
dicitur, quia uere castitatis geminus est effectus; uidelicet, ut et
cor complectatur et corpus. Vnde per bissum retortam et duos

25/14   *Cum omnia:* Lc. 17:10
/18   *Venter:* Cant. 7:2
26/3   *Ventrem:* Ier. 4:19
/5   *Sensus:* Ier. 4:19
/7   *Vterus:* Iob 15:35
27/7   *bissum retortam:* cf. Exod. 26:1

turtures figuratur in lege. Premissis consonat quod Sapientia
<de> se dicit: 'Ego quasi cypressus in monte Syon.' Intelligitur
10   autem hoc uerbum sicut de capite sic de membris, ut una sit
uox capitis et membrorum. Cypressus pulcherrimam comam
habet, cuius summitas surgit in conum. Est ergo uir iustus
'quasi cypressus,' quia coma pulcherrima est conuersatio speci-
osa. Dicitur autem esse 'quasi cypressus in monte Syon,' quoniam
15   in contemplationis uertice constitutus celestium consideratione
se premit, et dum intra mentis se sinum colligit, sub humilitatis
custodia se constringit.

28.   Mundanus autem usus huius rei manifestum ostendit
exemplum. Nam et auis domestica, alijs auibus capiendis assueta,
se premit cum predam conspicit quam ardenter appetit, et ad
quam dirigendam sese sentit. Quis ergo miretur si mens hominis
5   in humilitate se comprimat quando predam beatitudinis eterne
considerat, ad quam inhianter aspirat? Per fialas igitur et altaris
cornua, sicut diximus, figurantur uiri spirituales diuini prelij
bellatores, et uirtutum ornamentis instructi, tanquam armatura
celesti. Dicuntur autem phyale a 'phyalui,' quod est 'uitrum' in
260v1   Greco, quia proprie / uasa uitrea uocantur phyale. Vnde de
luxuriose bibentibus dicitur per prophetam: 'Bibentes in phialis
uinum.' Luxurie namque non sufficit ut gustui placeat uini
sapor, nisi uisum quoque demulceat eius color. Vnde Salomon
in Prouerbijs cohibere uolens luxuriam istam ait: 'Ne intuearis
15   uinum quando flauescit, et cum splenduerit in uitro color eius.'
Quod autem periculum sit annexum, consequenter ostendit:
'Ingreditur blande, et in nouissimo mordebit ut coluber et quasi
regulus uenena diffundet.' Regulus aues uolantes inficit, coluber

27/7-8   *duos turtures:* cf. Num. 6:10
    /9   *Ego quasi:* Eccli. 24:17
28/6   *fialas = phialas* (see **19/2**)
    /9   *phyalui:* φιάλη is the Greek equivalent referred to here
    /11   *Bibentes:* Zach. 9:15
    /14   *Ne intuearis:* Prov. 23:31
    /17   *Ingreditur:* Prov. 23:32
    /18   *regulus:* a kind of serpent.   *inficit:* infects

autem latibula querit et colit. Bene ergo uinum colubro compa-
20   ratur et regulo: colubro, quia libidinem prouocat, cuius turpitudo querit abscondi, regulo uero, quia uinum immoderate
sumptum uiros magnos interdum eneruat, qui duabus alis,
habundantie scilicet et potentie, uolare poterant ad superna, si
recte dirigerent iter suum.

29.   Licet autem phiale dicantur uasa uitrea, phyale tamen
erant auree, que iubente Domino fuerant in tabernaculo pre-
parate. Hoc autem bene congruit uiris iustis, ut sint quasi uitrei,
et tamen in ueritate sint aurei: uidelicet ut sint quasi debiles,
5   tamen uere sint fortes. Tales uoluit esse iustos qui, sicut dictum
est supra, discipulis suis ait: 'Cum omnia bene feceritis semper
dicatis: Serui inutiles sumus.' Fortis est utique qui omnia bene
facit, sed debilem se reputat qui inutilem seruum se uocat.
Nonne uas aureum fuit ille qui plus omnibus laborauit, tamen
10   quasi uas uitreum se exhibuit, qui se nec dignum apostolatus
nomine iudicauit? In hoc autem uitri similitudinem habeant
uiri iusti, ut solis radium et claritatis lucem admittant, uenti
tamen flatum excludant, uidelicet ut gratiam recipiant, set
noxie temptationi resistant. Sunt autem phyale oblationi liba-
15   minum reputate. Spirituales ergo uiri replentur ut phyale, si
sacrarum cogitationum et piarum intentionum oblationibus
cum bonorum operum studijs copiose redundent. Sciendum
tamen quod liquida libamina dicebantur. Decet autem quod
liquide sint oblationes iustorum. Quod utique fiet, si per deuo-
260v2   tionis ardorem animus liquefiat. Vnde / dicitur per Psalmistam:
'Effundo in conspectu tuo orationem meam.' Effundi potest
oratio si fuerit lacrimosa, set nequaquam effunditur si per cordis
duriciam fuerit congelata. Dicebantur etiam libamina, quia
ministri degustando probabant utrum essent ad offerendum
25   idonea. Sic Domino ministrantes cogitationes suas et intentiones

29/1-2   *phyale ... auree:* cf. II Par. 4:8
/6   *Cum omnia:* Lc. 17:10
/14-15 *phyale ... libaminum:* cf. Exod. 37:16
/21   *Effundo:* Ps. 141:3

debent quasi gustando discutere, ne quid in eis occurrat quod
Domino debeat displicere.

30.   Replentur etiam ut altaris cornua uiri sancti. Super
altaris cornua sanguis hostie ponebatur, vnde et eo repleri dicuntur. Hec igitur sollempnia celebrantes uelut altaris cornua
sanguinis aspersione replentur, quia martirem uenerantes passio-
5   nis eius memoria imbuuntur. Illorum autem mentes memoria
martiris imbuit quorum conuersatio fortitudinis eius formam in
se ostendit. Imitantur enim martyrem, quibus licet non sit datum
pati pro Christo, pro eius tamen amore labentia cuncta despici-
unt, carnem affligunt, et ad promerenda celestia se potenter
10   accingunt.

31.   Nobis itaque, qui speciali martiris protectione gaudemus,
precipue congruit ut nos in eius obsequio specialiter affligamus,
dicente scriptura: 'Qui transfert lapides affligetur in eis.' Lapidum nomine martires figurari sequentia declarabunt. Lapides
5   ergo transferunt qui translationi martirum obsequia sue deuotionis impendunt, qui scilicet eorum reliquias de locis humilibus
eleuant, ut sullimius et sollempnius cum debita ueneratione re-
ponant. Nos igitur lapidem preciosum transtulimus, cum translationi martiris obsequium quale potuimus exhibere curauimus.
10   Vt itaque supra positum scripture uerbum impleatur in nobis,
ob uenerationem ipsius qui se pro Domino hostiam optulit,
carnem nostram Domino uiuentem hostiam immolemus, ut a
nobis concupiscentias noxias et praua desideria resecemus. Sic
itaque Domino largiente seruitutis nostre misterium impleamus,
15   ut pro modulo suo capiti membra respondeant, et patrem filii
pro uiribus studeant imitari.

32.   De uiris quoque iustis additur consequenter in uerbo
prophetico, quod suscepimus exponendum: 'Saluauit eos quasi

31/3   *Qui transfert:* Eccle. 10:9
    /14   *misterium = ministerium*
32/2   *Saluauit:* Zach. 9:16

261r1   gregem / populi sui.' Illum namque populum Dominus eligit ad
salutem qui, cum ratione uigeat, per quamdam tamen similitu-
5   dinem se gregi conformat. Decet enim ut fideles Domino seruientes per sapientiam et discretionem sint populus, per mansuetudinem et simplicitatem sint grex. Vnde dicitur per Psalmistam:
'Nos populus tuus et oues paschue tue.' Populus sunt et oues
qui sunt prudentes ut homines et simplices uelut oues. Hinc
10   iterum per Psalmistam dicitur: 'Qui deducis uelut ouem Ioseph.'
Vir iustus per uias rectas deducitur ad superna cum in bonis
operibus proficit quasi Ioseph (Ioseph enim interpretatur
'augmentum'), et tamen ut ouis nec simplicitatem deserit nec
mansuetudinem derelinquit. Viri sancti creatori dedicati taliter
15   ad patriam deducuntur, quia profectui uigilanter insistunt
pastorique suo simpliciter et humiliter adquiescunt. Vnde religionis eminentiam bene significat turris gregis, de qua legitur in
scriptura. Per gregem enim humilitas, per turrim altitudo signa-
tur. Quid est igitur turris gregis nisi sullimis humilitas aut humilis
20   altitudo? Quarum utramque status religionis obseruat, quia
sullimitas est in opere laborantis, et humilitas in estimatione
laboris. Vnde Balaam castra filiorum Israel uidens ait: 'Quam
pulchra tabernacula tua, Iacob, et tentoria tua, Israel, quasi
ualles nemorose.' Per castra filiorum Israel religionis acies figu-
25   rantur, que uallibus nemorosis egregie comparantur, quia uallis
est humilis, nemus altum. Quid est igitur uallis nemorosa, nisi
depressa sullimitas aut humilitas exaltata? Quam conuersationis
formam religiosi bene conseruant, quia sunt in cordibus suis
humiles et in operibus suis excellentes.

33.   Sequitur in uerbo prophetico: 'Saluauit eos Dominus
Deus eorum quia lapides sancti eleuabuntur super terram eius.'
Salutem ergo fidelium operatur sanctorum lapidum eleuatio

32/8   *Nos populus:* Ps. 78:13
/10   *Qui deducis:* Ps. 79:2
/13   *augmentum:* i.e. from the Hebrew root of the name 'Ioseph'
/18   *scriptura:* cf. Mich. 4:8
/22-3   *Quam pulchra:* Num. 24:5-6
33/1   *Saluauit:* Zach. 9:16 (omitting some of the words)

super terram. Quod lapidum nomine sancti martyres designentur,
5   qui solidi fuerunt in constancia, fortes in iusticia, duri contra
tormenta, testatur ille qui ait: 'Quos imbres montium rigant, et
261r2   non habentes uelamen amplexantur lapides.' Montium / imbres
rigant quos uiri tam scientia quam uita sullimes uerbis pariter et
exemplis informant; velamine autem carent, qui bonorum
10   operum ornamenta non habent. Sunt namque uirtutum opera
quasi uestes quibus anima decenter ornatur, et pudendorum
actuum feditas operitur ne a superno iudice uideatur. Vnde
scriptum est: 'Beatus qui custodit uestimenta sua, ne nudus
ambulet.' Et Apostolus Corinthijs scribens ait: 'Scimus quoniam,
15   si terrestris domus nostra huius habitationis dissoluatur, domum
non manu factam habemus in celis.' Et paulo post addit: 'Si
tamen uestiti et non nudi inueniamur.' Ducitur namque uestitus
ad regna, set nudus eicitur ad tormenta. Hinc iterum scriptum
est: 'Nonne uestimenta calida sunt, cum perflata fuerit terra
20   austro?' Austro terra perflatur cum Spiritus Sancti gratia cor
repletur. Vnde sponsus ait in Canticis: 'Surge, aquilo; ueni,
auster; perfla ortum meum, et fluent aromata illius.' Rectissime
potest dici ortus Domini quies claustri, in quo doctrina celestis
inseritur, sancta conuersatio propagatur, uiciorum frutices succi-
25   duntur. Dominus igitur est rogandus ut ab orto suo flatum aqui-
lonis excludat, ut ad eum libere flatus australis accedat, quia
claustralibus incumbit orare quod Dominus inimici insidias re-
pellat ab eis, et Spiritum Sanctum requiescere faciat super eos.
Facit autem aromata fluere flatus austri, id est Spiritus Sancti
30   gratia procurante per laudabilis fame premium ad eos, qui foris
sunt, odorifera claustralium opera deriuantur, quatinus exempla
iustorum confundant impios aut conuertant. Est itaque Spiritus
Sanctus auster et eius inspiratio flatus austri. Opera uero bona,

33/6   *Quos imbres:* Iob 24:8
/13   *Beatus qui:* Apoc. 16:15
/14   *Scimus:* II Cor. 5:1
/16-17 *Si tamen:* II Cor. 5:3
/19   *Nonne:* Iob 37:17
/21   *Surge:* Cant. 4:16
/22   *ortum = hortum*

sicut diximus, per uestimenta signantur. Facit itaque uestimenta
35   calida flatus austri, quia uirtutum opera reddit deuotione fer-
uentia celestis inspiratio cor illuminans et inflammans, quoniam
ab austro ueniunt lux et calor. Quos igitur montium imbres
rigant et non habentes uelamen lapides amplexantur, quia peccatorum sarcina pregrauati, cum fuerint doctrinis salubribus eru-
40   diti uel propria calamitate compulsi, martyrum reliquias uenerantur ut eorum nuditas sanctorum intercessione tegatur.

34.   Rursus de lapidibus istis scriptum est: 'In preruptis
silicibus aquila commoratur.' Per aquilam uir contemplatiuus /
261v1 intelligitur, qui sue mentis intuitum iusticie in sole defigit, qui
sullimia uolando penetrans considerationi supernorum intendit.
5   'Preruptum autem est,' ut dicit beatus Gregorius, 'cuius pars
cecidit, pars subsistit.' Preruptis ergo silicibus recte martyres
comparantur, quorum corpora per martirium ceciderunt, spiritus
autem in celestibus requiescunt, et, sicut de uiris sanctis canitur,
reddentes terre corpora beatas celo animas intulerunt. In pre-
10   ruptis ergo silicibus aquila commoratur, quia contemplatiui
martirum obsequio deputati in eorum memoria requiescunt, et
eorum uenerationi et imitacioni se totos impendunt. Alioquin
nequaquam in silicibus commoratur aquila, nisi martiribus
seruientes tam mente quam corpore seruitutis sue debitum
15   studeant exhibere. Nequaquam commoratur in silice qui psallit
aut cantat coram martyre, mens autem eius uagatur exterius in
seculi uanitate.

35.   Sunt ergo lapides sancti, sicut ostendimus, martyres
Ihesu Christi. Super terram ergo sancti lapides eleuantur cum
reliquie martirum de tumulis transferuntur. Notandum autem
quod non tantum super terram eius sancti lapides eleuandi
5   dicuntur, quia sanctorum reliquie non solum superius eleuantur,
set in ecclesia, que terra Domini appellatur, eorum eleuatio
reuerenter impletur. Ex hoc salutem Dei populo prouenientem

34/1   *In preruptis:* Iob 39:28
/5   *Gregorius:* cf. *Moral. in Iob* 31.49 (PL LXXVI, 627-8)

sermo propheticus, quem prosecuti sumus, ostendit. Speremus
igitur et nos quod martyris nostri translatio, quam sollempniter
10   celebramus, nobis in presenti ueniam peccatorum et salutem
perpetuam nobis apud Dominum optinebit, percipiendam post
huius uite decursum. Roborauerunt autem ualde spem istam
quedam signa, que misericordia Dei nobis ostendit quando
translatio facta fuit. Prouisum namque fuerat ab hijs qui marty-
15   rem transtulerunt ut feria tercia transferretur, quia tercia feria
passus fuit, ut talis dies eius glorie deseruiret qualis eius passioni
ministerium suum impendit. Set in Christo testamur preter
humanam prouidentiam accidisse, Dei gratia taliter procurante,
quod anno quinquagesimo passionis ipsius uenerabile corpus
20   eius gloriam translationis accepit. Quid autem nobis per istum
insinuatur euentum, quinquagenarij nobis uirtus indicat, quem
261v2   remissionis numerum esse constat, quod nullus sacre / pagine
lector ignorat. Ex hoc igitur quod anno quinquagesimo transferri
uoluit, spem certam nobis tribuit, quod nisi per nos steterit,
25   remissionis nobis gratiam obtinebit.

36.   Aliud autem accidit quod humana deliberatio nullatenus ordinauit. Bisextilis siquidem fuit annus translationis, in
quo est plenus dierum numerus et perfectus, vt ex hoc euentu
speremus quod martyris intercessio dies nostros in presenti com-
5   plebit in bono, et perducet nos ad dierum plenitudinem in futuro.

37.   Contigit et aliud memorabile quod ad martiris gloriam
procurante Domino creditur accidisse. Martir enim fuit ea die
de terra translatus qua rex Henricus, cuius tempore passus est,

35/15   *feria tercia:* Tuesday; Becket was martyred on Tuesday 29
December 1170, and the 'translation' was held on Tuesday
7 July 1220.
/19   *quinquagesimo:* The 'translation' was done in the jubilee year,
fifty years after Becket's martyrdom.
/22   *remissionis:* cf. Lev. 25:10
/24   *nisi ... steterit:* 'unless it is impeded by us'
36/2   *Bisextilis ... annus:* a year containing an intercalary day;
leap-year (having 29 February)

fuit in terra sepultus, ut impleretur hoc modo quod legitur in
5   scriptura: 'Mons cadens defluit, et saxum de loco suo trans-
fertur.' Montes sunt qui terram planam altitudine sua transcen-
dunt et in sullimitate cacumen suum attollunt. Montes itaque
sunt reges et principes, qui terrarum dominium optinent, et
sullimiores sunt ceteris eminentia potestatis. Mons ergo magnus
10 cecidit cum rex Henricus occubuit. Mons autem iste defluxit,
cum regem mortuum sinus terre suscepit. Defluente igitur
monte saxum est de loco suo translatum, quia regis corpore in
terra deposito martiris corpus est honorifice sulleuatum. Mira-
cula quoque uaria translationis tempore martir fecit, per que
15 fauorem suum translationem exequentibus et uenerantibus
adesse monstrauit.

38.   Ad translationis corporis beatissimi Thome martyris
gloriam declarandam, parabolam euangelicam ad memoriam
reuocemus: 'Nemo lucernam accendit et in abscondito ponit
neque sub modo set super candelabrum, ut qui ingrediuntur
5   lumen uideant.' Quod beatus martyr cuius sollempnia celebramus
lucerna fuerit ardens et lucens, celum et terra testantur: ardens,
inquam, sanctitatis exemplo, lucens documento salutifero.
Dominus hanc lucernam accendit, cum electum suum in apicem
eximie prelationis erexit. Hanc etiam lucernam emunxit, cum
10 martyrem suum exilio diuturno, contumelijs, dampnis et iniurijs
innumeris affligi permisit. Fuit enim hec tribulationum immen-
262r1 sitas tan/quam emunctorium huius lucerne, quia quod beatus
uir purgandum habuit, fornacis huius flamma consumpsit.
Dominus hanc lucernam extinxit, cum seruum suum martyrio
15 consummauit. Set dum corporaliter eam extinxit, spiritualiter
eam magis accendit, quia sanctitatis eius titulum post mortem
ipsius crebris miraculorum testimonijs illustrauit. Lucernam
ergo suam Dominus nequaquam abscondit, quia martyris sui

37/5   *Mons:* Iob 14:18
/10   *rex Henricus:* Henry II, king of England 1154-89
38/3   *Nemo:* Lc. 11:33
/9   *lucernam emunxit:* cf. Exod. 37:23

gloriam uirtutum assertione monstrauit. Aliquamdiu tamen sub
20   modio latuit hec lucerna, set eam Dominus oportuno tempore
reuelauit. Cum mensura quedam modius appellatur, recte per
modium potest tumulus designari, qui se mortuo commensurat,
et se corpori tumulando conformat. Sicut autem modio mensu-
ratur annona que indigentibus erogatur, sic de tumba martiris
25   largitas diuini muneris sepe prouenit infirmis. Latuit igitur
lucerna sub modio quamdiu martir requieuit in tumulo. Set eam
de latebris nunc eductam super candelabrum Dominus exaltauit,
quia martiris reliquias, de tumulo reuerenter assumptas, in loculo
precioso martyris usibus deputato sullimiter collocauit. Capsam
30   enim martyris quid rectius dixerim quam candelabrum luminis,
que lumen illud egregium, quod ad se tam corde quam corpore
uenientes illuminat, intuentibus representat? Ad hanc ergo
lucernam, karissimi, totis mentibus accedamus, et ei uite nostre
maculas presentemus, quia ut dicit Apostolus: 'Omnia que
35   arguuntur a lumine manifestantur.' Si igitur ad claritatem huius
luminis accedamus, malum quod in nobis prius uidere nequiui-
mus eius beneficio cognoscemus. Ad memoriam reuocemus quod
in euuangelio scriptum est: 'Omnis qui male agit, odit lucem et
non uenit ad lucem ut non arguantur opera eius.' Fugiamus tamen
40   istud exemplum, et quod sequitur imitemur: 'Qui autem facit
ueritatem uenit ad lucem, ut manifestentur opera eius, quia in
Deo sunt facta.'

39.   Rursum, ut translationis fructum et gloriam plenius
indicemus, illud scripture testimonium attendamus: 'Homo
262r2   sanctus in sapientia manet sicut sol, stultus ut lu/na mutatur.'
Sapiens in Prouerbijs notificans stultum ait: 'Stultus transilit et
5   confidit.' Stultus enim est qui mandata transgreditur, et tamen
sibi de impunitate blanditur. Specialiter autem stultus est,

38/29   *Capsam:* reliquary
/34   *Omnia:* Eph. 5:13
/38   *Omnis qui:* Ioh. 3:20
/40   *Qui autem:* Ioh. 3:21
39/2   *Homo:* Eccli. 27:12
/4   *Stultus:* Prov. 14:16

euuangelica ueritate testante, qui super harenam edificat domum
suam. Harena est temporalis habundantia, quia sterilis est et
grauis. Sterilis, Salomone dicente: 'Qui amat diuicias fructum
10   non capiet ex eis.' Grauis, Apostolo teste, qui ait: 'Qui diuites
uolunt fieri incidunt in desideria multa inutilia et nociua, que
mergunt hominem in interitum et perdicionem.' Hinc etiam
Salomon ait: 'Vidi cuncta que fiunt sub sole, et ecce uniuersa
uanitas et afflictio spiritus.' Vanitas sterilitatem indicat, afflictio
15   spiritus grauitatem. Stultus ergo super harenam edificat domum
suam, quia terrenorum amator figit in temporalibus desiderijs
mentem suam. Hic autem 'ut luna mutatur.' Cum mundana
mutabilitas lune nomine designetur, bene stultus dicitur ut luna
mutari, quia mundanam uicissitudinem imitatur quem extollunt
20   prospera, frangunt aduersa. Homo uere sanctus in sapientia
manet ut sol. Iustum est ut Domino seruientes omnes sint sancti.
Vnde Moysi dictum est: 'Loquere ad omnem cetum filiorum
Israel, et dices ad eos: Sancti estote, quia ego sanctus sum
Dominus Deus uester.' Specialiter tamen sancti sunt qui contem-
25   plationi celestium sunt addicti. Sanctus enim, ut ait Beda,
Grece dicitur 'agyos,' quod sonat, 'extra terram.' Sancti ergo
sunt qui a temporalibus separati in celestibus conuersantur.
Vnde dicitur per prophetam: 'Sanctus Israel Domino, primicie
frugum eius.' Sicut interpretatio nominis indicat, Israel est
30   supernorum inspector et celestium contemplator. Sunt autem
primicie frugum in agro Domini qui celestibus sunt intenti, quia
superna feruentius concupiscunt, quanto sepius eorum consideratione se pascunt. Est autem sanctus homo ut sol, qui calidus
est et clarus cum feruet animo, lucet exemplo. Manet autem in
35   sapientia sanctus, set eam cito deserit homo stultus, si interdum

39/9   *Qui amat:* Eccle. 5:9
/10   *Qui diuites:* I Tim. 6:9
/13   *Vidi:* Eccle. 1:14
/22   *Loquere:* Lev. 19:2
/26   *agyos:* The (false) etymology of *agius* (Greek ἅγιος) from
    the Greek γῆ is recorded in John of Genoa's *Catholicon*
    (1286), where it is credited to Uguccio of Pisa (d. 1210).
/28   *Sanctus:* Ier. 2:3

eam assumit. Vnde scriptum est: 'Quam aspera nimium est
sapientia indoctis hominibus! et non permanebit in illa excors.'
E contrario dicitur uiro isto: In omni animo tuo accede ad illam,
et in omni uirtute tua serua uias eius. Inuestiga illam et mani-/

262v1   festabitur tibi, et continens factus ne derelinquas eam. Quod
homo sanctus beatus martir fuerit, Dominus ipse patenter
ostendit. Quem amaritudine pressuratum a dulcedine tempora-
lium ablactatum, Dominus ad mense sue delicias inuitauit, et ei
beatitudinem ad quam aspirare debuit patefecit. In sapientia

45   uero mansit, quia dum uixit fideliter Deo seruiuit, nouissime
uero pro eo uitam suam impendit. Fuit autem ut sol qui sanguinis sui radijs sanctam ecclesiam illustrauit.

    40.   Eleuationem igitur huius solis sollempniter ueneramur,
cum translationem huius martyris sinceris mentibus celebramus.
Quod igitur scriptum est seruorum eius congregatio diligenter
attendat: 'Eleuatus est sol, et luna stetit in ordine suo.' Luna

5   lumen trahens a sole est hec congregatio, que ab exemplo martiris
uiuendi formam assumit. Luna igitur in ordine suo stet, quoniam
eleuatus est sol, id est martiri seruientes ab ordinis sui regula non
declinent, set patronum suum in sullimi positum coram oculis
suis uideant, et eum in bonis operibus adiutorem confidenter

10   expectent. Qualiter autem ad obseruantiam ordinis prosit sullimitas solis, colligitur ex subiectis. Sol enim eleuatus in altum
ministrat habundantiam luminis et caloris. Speremus itaque quod
sol noster de tumulo eleuatus seruis suis lumen tribuet quod ab
eis tenebras ignorantie nociue repellet, calorem etiam conferet

15   qui mentes eorum ad amorem diuini cultus accendet. Faciet
etiam habundantia luminis quod seruetur honestas, quodque
turpitudinem, si fieret, reuelaret. Vnde nichil sustinet inhonestum,
habundantia uero caloris efficit ut secundum ordinem cuncta

39/36   *Quam aspera:* Eccli. 6:21
  /38   *isto = isti,* dative
40/4   *Eleuatus:* cf. Habac. 3:11. See in Foreville, p. 93, Office of the
       Translation, Breviary of Salisbury, Lectio IV: 'Dicamus ergo
       cum Propheta: Elevatus est sol: et luna stetit in ordine suo.'

fiant. In hijs autem duobus religionis summa consistit, ut ab
20   hijs qui religioni colla supponunt, iuxta uerbum Apostoli,
'honeste et secundum ordinem cuncta fiant.' Sol iterum eleuatus
in altum attrahit guttas maris. Vnde sol iusticie de se dicit:
'Ego si exaltatus fuero a terra, omnia traham ad me ipsum';
tanquam sol, qui mundum illuminat, de se dicat: 'Ego cum
25   eleuatus fuero super terram, attraham innumeras maris guttas.'
Prodest itaque uiris iustis gloria translationis, quia solis eleuatio
262v2   lu/nam in ordine suo seruat. Prodest et peccatoribus huius
mundi, quia sol cum fuerit eleuatus guttas attrahit aque salse,
quibus peccatores rectissime comparantur, tum propter breuita-
30   tem et salsuginem uite mortalis, tum propter amaritudinem
peccatorum.

40/21   *honeste:* I Cor. 14:40
/23   *Ego si:* Ioh. 12:32

TEXTUAL NOTES

Sermon I

In the following notes, *L* signifies Leipzig MS. 443, and *P* Paris BN MS. lat. 15025. Words that have been signalled in the text by angle brackets (but are not listed in the following notes) have been supplied by the editor from *P*.

I. 1/1   *P has rubric in later hand:* Magistri Stephani de Langueton, *and in a contemporary hand:* Lectio M. Stephani quam fecit in sua inceptione

3/6   et *P:* id est *L*

3/11   uoluit: *P adds* Apostolus

4/2   ciniphes *P:* cynifex *L*

4/11   Flagellum lingue: *P adds* ut ait Gregorius

5/13   Utramque *P:* utram *L*

5/15   penitentie *P:* pecunie *L*

6/2   Quecumque *P:* quicumque *L*

7/4   lota: fota *LP*

9/3   Sicut *P:* sic *L*

10/5   pedibus *LP: Vulgate gives* gressibus *which is deleted in L*

11/3   Primogeniti *P:* primogenita *L*

11/11   *L gives* meum heri, tuum hodie *in margin*

16/3   Uere mane: *L gives* mane *in margin*

17/7   Plerumque *P:* plurimumque *L*
            qui: cui *LP*

17/11   *L gives* recte *in margin*

17/21   ignis qui: *L gives* qui *in margin*

17/26   plateis *P:* puteis *L*

19/21   lucis: luci *LP*

21/16   in: *supplied by ed.*
            aquam *P:* aqua *L*

22/4   *L gives* Gregorius *in margin*

23/1   iterum *P:* enim *L*

I.23/10   illam *P:* illa *L*
24/1   Unde: *P adds* Psalmista
24/3   auulsos: apulsos *LP*
24/19-20   in alueo facere est *P:* facere est in alueo *L*
25/4   Docebit: *preceded by* et Psalmista ait *in P*
27/8   se: *supplied by ed.*
27/18   uitta *P:* uita *L*
28/8   *second* Anatoth: Anatoht *L*
30/5   cognitione *P:* cognomine *L*
30/16   *L gives* magistralem *in margin*

Sermon II

In the following notes, *T* signifies Troyes MS. 862, *Lacombe* the previous edition of this sermon.

II. 2/17   putetur: putatur *TLacombe*
3/5   tunditur: tonditur *TLacombe*
10/16   febris: frebris *TLacombe*
10/17   febrem *supplied by ed.:* febrine *suggested by* *Lacombe*
22/21   illis *Lacombe:* illi *T*

Sermon III

The text is based on Arras MS. 222 (334), signified as *A*.

III. 1/5   sollempnitas: sollempnitatis *A*
10/11-14   *A gives* et domus ... gloria Domini *in the margin*
17/25-6   *A gives* erga alium ... quia mansuetudo *in the margin*

Sermon IV

In the following notes, *V* signifies Vatican MS. lat 1220, with reference to the text as it is found in *Migne*.

IV. **1/5**   fidelius *Migne:* fedelius *V*

     1/13   expediti *Migne:* expediri *V*

     1/16   et: *supplied by Migne*

     2/8   insurgerent: insurgent *VMigne*

     2/12   laxantes *Migne:* laxaretur *V*

     2/16   iusti *Migne:* iuste *V*

     4/22   uerbi *Migne:* ubi *V (see* **4/11***)*

     5/10   transferenda *Migne:* transferanda *V*

     5/18   sollempnis *Migne:* sollempnas *V*

     7/4   omnem *(Vulgate):* omne *VMigne (see also* **8/11***)*

     12/13   Dicit: dicat *VMigne*

     12/17-18 cum aromatibus *Migne:* est aromatibus *V*

     14/10   animus *Migne:* in animus *V*

     16/14   parum *Migne:* par *V*

     17/9   seruet: seruat *V, altered to* seruiat

     21/9   monstrabo *Migne:* mostrabo *V*

     27/9   de: *supplied by Migne (cf.* **40/22, 24***)*

     31/8   Nos *Migne:* nec *V*

     32/14   creatori *Migne:* creatoris *V*

     34/4   intendit *Migne:* incendit *V*

     40/14   conferet *Migne:* conferret *V*

     40/15   qui: que *VMigne*

     40/16   quodque: quo *VMigne*

     40/29   comparantur *Migne:* comparatur *V*